世界手枪

鉴赏指南（珍藏版）

（第2版）

《深度军事》编委会　编著

清华大学出版社
北京

内 容 简 介

本书筛选了自第一把左轮手枪诞生至今的数百把手枪，均具有较高的实用价值。有的在战争中起着举足轻重的作用，有的对某些国家来说有着特殊意义（如本书所涉及的美国FP45“解放者”手枪）。本书在第1版的基础上增加了世界各国最新的手枪，补充完善了每把手枪的文字资料和性能参数，力求提升全书内容的全面性、趣味性和观赏性。为了增强图书的美观性，提升读者的阅读体验，还为部分重点手枪搭配了高清大图。全书文字叙述通俗易懂，并且配有能直观反映世界各国手枪特征的精美图片，让读者能在第一时间鉴赏和识别这些手枪。

本书内容全面合理，配有丰富而精美的图片，并且紧扣军事专业知识，不仅带领读者熟悉武器历史，而且提纲挈领地向读者介绍武器的作战性能，特别适合作为广大军事爱好者的参考资料和青少年朋友的入门读物。

图书在版编目(CIP)数据

世界手枪鉴赏指南(珍藏版)/《深度军事》编委会编著. —2版. —北京：清华大学出版社，2017（2024.2重印）
(世界武器鉴赏系列)
ISBN 978-7-302-45252-2

Ⅰ. ①世… Ⅱ. ①深… Ⅲ. ①手枪—世界—指南 Ⅳ. ①E922.11-62

中国版本图书馆CIP数据核字(2016)第244069号

责任编辑： 李玉萍
封面设计： 郑国强
责任校对： 张术强
责任印制： 刘海龙
出版发行： 清华大学出版社
网　址： https://www.tup.com.cn，https://www.wqxuetang.com
地　址： 北京清华大学学研大厦A座　**邮　编：** 100084
社 总 机： 010-83470000　**邮　购：** 010-62786544
投稿与读者服务： 010-62776969, c-service@tup.tsinghua.edu.cn
质量反馈： 010-62772015, zhiliang@tup.tsinghua.edu.cn
印 装 者： 涿州汇美亿浓印刷有限公司
经　销： 全国新华书店
开　本： 146mm×210mm　**印　张：** 8.375
版　次： 2014年6月第1版　2017年1月第2版　**印　次：** 2024年2月第7次印刷
定　价： 46.00元

产品编号：070594-01

国无防不立，民无防不安。一个国家、一个民族，最重要的两件大事就是发展和安全。国防是人类社会发展与安全需要的产物，是关系到国家和民族生死存亡的根本大计。军事图书作为学习军事知识、了解世界各国军事实力的绝佳途径，对提高国民的国防观念，加强青少年的军事素养有着重要意义。

与其他军事强国相比，我国的军事图书在写作和制作水平上还存在许多不足。以全球权威军事刊物《简氏防务周刊》（英国）为例，其信息分析在西方媒体和政府中一直被视为权威，其数据库被各国政府和情报机构广泛购买。而由于种种原因，我国的军事图书在专业性、全面性和影响力等方面还有明显不足。

为了给军事爱好者提供一套全面而专业的武器参考资料，并为广大青少年提供一套有趣、易懂的军事入门级读物，我们精心推出了“世界武器鉴赏系列”图书，其内容涵盖现代飞机、现代战机、早期战机、现代舰船、单兵武器、特战装备、世界名枪、世界手枪、美国海军武器、二战尖端武器、坦克与装甲车等。

本系列图书由国内资深军事研究团队编写，力求内容的全面性、专业性和趣味性。我们在吸收国外同类图书优点的同时，还加入了一些独特的表现手法，努力做到化繁为简、图文并茂，以符合国内读者的阅读习惯。

本系列图书内容丰富、结构合理，在带领读者熟悉武器历史的同时，还可以提纲挈领地了解各种武器的作战性能。在武器的相关参数上，我们参考了武器制造商官方网站的公开数据，以及国外的权威军事文档，做到有理有据。每本图书都有大量的精美图片，配合别出心裁的排版，具有较高的观赏性和收藏价值。

在轻武器的大家族里，手枪的体型虽“娇小玲珑”，但其威力和作用却不容小觑。短小精悍的它算得上是自卫防御最好的“贴身保镖”。在枪械的发展史上，手枪是在各个时代中应用最广泛的枪种之一。从柯尔特发明第一支有实用价值的左轮手枪开始，手枪便迅速地打入了枪械市场。至此，手枪就进入了飞速发展的黄金时期。

左轮手枪风靡世界后，它也成为“西部牛仔”的首选用枪。“西部牛仔”杂耍般“玩弄”左轮手枪，让人眼花缭乱。那时的左轮手枪是权力的象征，是“西部牛仔”铁与血的体现，许多士兵也因能够拥有一支左轮手枪而感到自豪。第二次世界大战（后文统称二战）的战场上，柯尔特 M1911 半自动手枪所创造的奇迹令人咂舌；如今“沙漠之鹰”等大威力手枪的强大杀伤力更加令人惊叹！在这一漫长的发展过程中，手枪也正在不断改进自身的弱点，向着性能更加可靠、实用，外形更加完美的方向转变。从西部牛仔的左轮手枪，到极具现代化特征的冲锋枪，这个小小的金属匣里蕴含了一种江湖情怀、一种权力、一种魅力。随着技术的进步，手枪经过长期的演变过程，已经发展成为种类繁多的现代手枪家族（如奥地利格洛克公司的 17 系列，意大利伯莱塔公司的 92 系列），并且性能和威力都有大幅度提升。因此，手枪的作用和地位得到进一步巩固。例如，在现代的反恐战斗中，特种部队除了步枪、机枪和冲锋枪等主战武器之外，往往还要携带手枪这种自卫武器（因为手枪有着小巧便携、利于隐蔽、用途广泛、可靠耐用等特点），以备不时之需。

本书筛选了自第一把左轮手枪诞生至今的数百把手枪，它们均具有较高的实用价值。有的在战争中起着举足轻重的作用，有的对某些国家来说有着特殊的意义（如本书所涉及的美国FP45“解放者”手枪）。

本书在第一版基础上增加了最新的世界各国手枪，补充完善了每把手枪的文字资料和性能参数，力求提升全书内容的全面性、趣味性和观赏性。为了增强图书的美观性，提升读者的阅读体验，还为部分重点手枪搭配了高清大图。全书文字叙述通俗易懂，并且配有能直观反映世界各国手枪特征的精美图片，让读者能在第一时间鉴赏和识别这些手枪。

本书内容全面合理，配有丰富而精美的图片，并且紧扣军事专业知识，不仅带领读者熟悉武器历史，而且提纲挈领地向读者介绍武器的作战性能，特别适合作为广大军事爱好者的参考资料和青少年朋友的入门读物。

本书由《深度军事》编委会创作，参与本书编写的人员还有黄成、阳晓瑜、陈利华、高丽秋、龚川、何海涛、贺强、胡姝婷、黄启华、黎安芝、黎琪、黎绍文、卢刚、罗于华等。

在本书的编写过程中，我们在内容上进行了去伪存真的甄别，让内容更加符合客观事实，同时全书内容经过多位军事专家严格的筛选和审校，力求尽可能准确与客观，便于读者阅读参考。由于编者经验有限，书中难免有疏漏和不足之处，恳请专家和广大读者不吝赐教。

目录

CONTENTS

第 1 章　手枪漫谈 1

手枪简史 2

手枪的发展趋势 5

第 2 章　半自动手枪 7

美国柯尔特 M1911 手枪 8

美国 M9 手枪 10

美国 MEU(SOC) 手枪 12

美国 Bren Ten 手枪 14

美国史密斯－韦森 M1076 手枪 15

美国史密斯－韦森 M39 手枪 16

美国史密斯－韦森西格玛手枪 17

美国 M45A1 手枪 18

美国 M4504 手枪 19

美国 Mk22 Mod 0 手枪 20

美国 PMR-30 手枪 21

美国鲁格 P85 手枪 23

美国鲁格 P345 手枪 24

美国鲁格 LCP 手枪 26

美国马格南 V 形手枪 27
美国 Grizzly 手枪 28
美国柯尔特 380 手枪 29
美国柯尔特“鹰”式手枪 30
美国卡利科 M950 式手枪 31
美国 M15 手枪 32
美国 FP45“解放者”手枪 33
德国伯格曼 M1896 手枪 34
德国鲁格 P08 手枪 35
德国瓦尔特 PP/PPK 手枪 37
德国瓦尔特 P1 手枪 38
德国瓦尔特 P5 手枪 39
德国瓦尔特 P38 手枪 40
德国瓦尔特 P88 手枪 41
德国瓦尔特 P99 手枪 42
德国瓦尔特 PPQ 手枪 43
德国 HK HK4 手枪 44
德国 HK P7 手枪 46
德国 HK P9S 手枪 48
德国 HK USP 手枪 49
德国 HK P2000 手枪 51
德国 HK P30 手枪 53
德国 HK HK45 手枪 54
德国 HK VP70 手枪 56
德国 HK Mk 23 Mod 0 手枪 57
德国毛瑟 HSC 手枪 58
德国博查特 C-93 手枪 60
比利时 FN 57 手枪 61
比利时 FN M1900 手枪 62

比利时 FN M1903 手枪 64
比利时 FN M1906 手枪 66
比利时 FN M1910 手枪 68
比利时 FN M1935 手枪 69
比利时 FN BDA 手枪 70
比利时 FN FNP 手枪 71
比利时 FN FNX 手枪 73
瑞士 SIG Sauer P210 手枪 75
瑞士 SIG Sauer P220 手枪 76
瑞士 SIG Sauer P226 手枪 78
瑞士 SIG Sauer P228 手枪 80
瑞士 SIG Sauer P229 手枪 81
瑞士 SIG Sauer P230 手枪 83
瑞士 SIG Sauer P239 手枪 84
瑞士 SIG Sauer SP2022 手枪 86
瑞士 SIG Sauer P250 DCc 手枪 88
瑞士 SIG Sauer Pro 系列手枪 89
意大利伯莱塔 M1934 手枪 91
意大利伯莱塔 92 手枪 92
意大利伯莱塔 92S/92SB 手枪 93
意大利伯莱塔 90TWO 手枪 94
意大利伯莱塔 Px4 Storm 手枪 95
俄罗斯 TT 手枪 96
俄罗斯 PM 手枪 97
俄罗斯 MP-443 “乌鸦” 手枪 99
俄罗斯 GSh-18 手枪 100
俄罗斯 SR1 “维克托” 手枪 101
俄罗斯 SPP-1 手枪 102
俄罗斯 PSS 手枪 103

俄罗斯 Baikal MCM 手枪 104
俄罗斯 PSM 手枪 105
加拿大“疣猪”手枪 106
加拿大 P14-45 手枪 107
奥地利格洛克 17 手枪 108
奥地利格洛克 19 手枪 109
奥地利格洛克 20 手枪 110
奥地利格洛克 26 手枪 111
奥地利格洛克 34 手枪 112
奥地利施泰尔 GB 手枪 113
前捷克斯洛伐克 Kevin ZP98 手枪 114
捷克斯洛伐克 CZ-52 手枪 115
捷克斯洛伐克 CZ-75 手枪 116
捷克斯洛伐克 CZ-83 手枪 118
捷克斯洛伐克 CZ-110 手枪 119
捷克斯洛伐克 GP K100 手枪 120
南斯拉夫 CZ99 手枪 121
西班牙阿斯特拉 M400 手枪 122
西班牙阿斯特拉 M600 手枪 123
以色列“沙漠之鹰”手枪 124
以色列杰里科 941 手枪 126
波兰 ViS wz.35 手枪 127
波兰 P-64 手枪 128
波兰 P-83 手枪 129
巴西 PT-945 手枪 130
巴西 PT-92 手枪 131
乌克兰 Fort-12 手枪 132
乌克兰“福特”14 式手枪 133
日本十四式手枪 134

日本九四式手枪 …… 135
法国 Mle 1950 手枪 …… 136
法国 PAMAS-G1 手枪 …… 137
韩国 K5 手枪 …… 138
克罗地亚 HS2000 手枪 …… 139
俄罗斯雅利金“格拉奇”6P35 手枪 …… 140
加拿大 P14 手枪 …… 141
德国 HK P9 手枪 …… 142
德国 HK VP9 手枪 …… 143
意大利伯莱塔 8000 手枪 …… 145
意大利伯莱塔 9000 手枪 …… 146
意大利伯莱塔 Pico 手枪 …… 147
意大利伯莱塔 BU9 Nano 手枪 …… 149
瑞士 SIG P227 手枪 …… 151
瑞士 SIG Mosquito 手枪 …… 153
瑞士 SIG P224 手枪 …… 155
瑞士 SIG P238 手枪 …… 157
瑞士 SIG P938 手枪 …… 158
美国 ASP 手枪 …… 160
比利时 FN FNS 手枪 …… 161
美国春田 XD-S 手枪 …… 162
美国 STI 5.0 手枪 …… 164

第 3 章 …… 165

全自动手枪 …… 165

比利时 FN P90 手枪 …… 166
德国 HK MP7 手枪 …… 167
美国 KF-9-AMP 手枪 …… 169
俄罗斯斯捷奇金 APS 手枪 …… 170

奥地利施泰尔 TMP 手枪 171
意大利伯莱塔 93R 手枪 172
奥地利格洛克 18 手枪 173
捷克斯洛伐克 Vz.61 手枪 174
德国毛瑟 C96 手枪 175

第 4 章 左轮手枪 177

美国柯尔特“骑兵”左轮手枪 178
美国 M1851“海军”左轮手枪 178
美国柯尔特 M1917 左轮手枪 179
美国柯尔特“蟒蛇”左轮手枪 180
美国柯尔特“响尾蛇”左轮手枪 182
美国柯尔特“巨蟒”左轮手枪 183
美国柯尔特“眼镜王蛇”左轮手枪 185
美国柯尔特“执法者”左轮手枪 186
美国史密斯－韦森 M60 左轮手枪 187
美国史密斯－韦森 M66 左轮手枪 188
美国史密斯－韦森 M500 左轮手枪 189
美国史密斯－韦森 3 号左轮手枪 190
美国史密斯－韦森 M19 左轮手枪 191
美国史密斯－韦森 M22 左轮手枪 192
美国史密斯－韦森 M27 左轮手枪 193
美国史密斯－韦森 M28 左轮手枪 194
美国史密斯－韦森 M29 左轮手枪 195
美国史密斯－韦森 M329PD 左轮手枪 197
美国史密斯－韦森 M625 左轮手枪 198
美国史密斯－韦森 M627 左轮手枪 199
美国史密斯－韦森 M629 左轮手枪 200
美国“阿拉斯加”左轮手枪 202

美国 BFR 左轮手枪 203
俄罗斯纳甘 M1895 左轮手枪 204
俄罗斯 MP-412 REX 左轮手枪 205
俄罗斯 DOG-1 左轮手枪 206
英国博蒙特·亚当斯左轮手枪 207
英国恩菲尔德左轮手枪 208
奥地利 Pfeifer Zeliska 左轮手枪 209
法国 MR-73 左轮手枪 210
法国 MAS 1873 左轮手枪 211
法国 MAS 1892 左轮手枪 212
意大利齐亚帕“犀牛”式左轮手枪 213
巴西 M608 左轮手枪 215
瑞士 SMG 左轮手枪 216
日本二六式左轮手枪 217
美国史密斯－韦森 M10 左轮手枪 218

第 5 章　研发历史 219

半自动手枪 219
全自动手枪 243
左轮手枪 245

参考文献 252

第1章 手枪漫谈

作为火器的枪，其历史至今已近 700 年。在相当长的历史时期，枪曾在人类战争中发挥过举足轻重的作用，特别是在第一次世界大战爆发前，枪是主要的武器之一。手枪是枪族中最小的枪，尽管手枪在现代战争中作用并不是很大，但它却是军队不可或缺的装备之一。

手枪简史

最早的手枪

手枪的最早雏形出现在14世纪初，几乎同时出现在中国和普鲁士（今德国境内）。中国最早出现的手枪是一种小型的铜制火铳——手铳。它的口径一般为25毫米，长约30厘米。使用时，先从铳口填入火药、引线，然后塞装一些细铁丸，射手单手持铳，另一手点燃引线，从铳口喷射铁丸和火焰杀伤敌人。中国手铳的出现可以看作是手枪的最早起源。1331年，普鲁士的黑色骑兵使用了一种短小的点火枪，骑兵把点火枪吊在脖子上，一手握枪靠在胸前，另一手拿点火绳引燃火药进行射击。这种点火枪是欧洲最早的手枪雏形。

欧洲手铳雏形

左轮手枪的诞生

1835年，美国人柯尔特发明了装有底火撞击与线膛枪管的左轮手枪，这是第一支真正成功并得到广泛应用的手枪。它作为武器，在1861—1865年的美国南北战争期间得到了迅速发展。1873年，柯尔特11.44毫米后装式单动左轮手枪被美国陆军正式采用。由于左轮手枪对瞎火弹处理十分简便、安全可靠，至今美国和其他一些国家仍有使用。

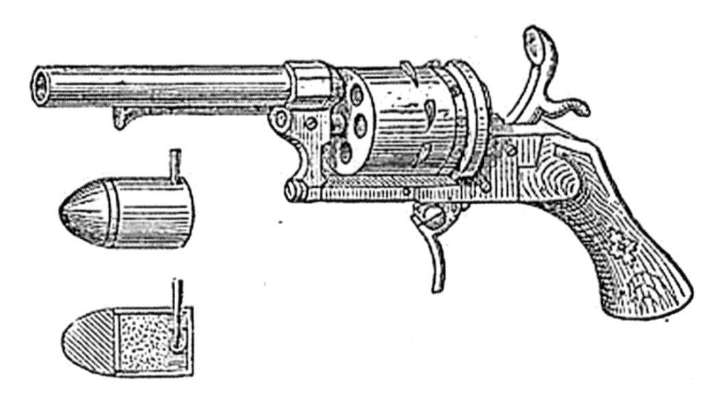

早期左轮手枪及其枪弹

自动手枪问世

自动手枪又可分为半自动手枪和全自动手枪两种。半自动手枪又称为自动装填手枪，由于半自动手枪使用最为广泛，习惯上也称为自动手枪；全自动手枪可以打连发，因此又称作冲锋手枪。

鲁格 P08 手枪

自动手枪的口径通常为 7.62 ～ 11.43 毫米，以 9 毫米为多见；长 200 ～ 300 毫米，重约 1000 克，大多采用装于握把内的弹匣供弹，最常见的容弹量为 8 发，打单发时，射速约 40 发 / 分钟，有效射程约 50 米。为便于说明，本节以下内容所涉及的半自动手枪和全自动手枪统称为自动手枪。

1889 年毛瑟手枪的问世，确立了自动手枪的结构原理。1893 年，德国制造了第一支实用的博尔夏特 7.63 毫米自动手枪。德国人鲁格对该枪又进行了改进，成就了世界闻名的鲁格 P08 手枪。

鲁格 P08 手枪从 1908 年起装备德国军队长达 30 年之久。在两次世界大战期间，自动手枪得到很大发展，出现了许多结构新颖、性能优良的自动手枪，如美国柯尔特公司的 M1911 手枪，比利时 FN 公司的 M1935 手枪，苏联的 TT 手枪，以及意大利伯莱塔公司的 M1934 手枪等。

自动手枪基本结构

二战后，世界各国也研制了一些新型手枪，差不多都是自动手枪(自动装填手枪)。这些手枪主要有德国 HK 公司的 HK P7 手枪、意大利伯莱塔公司的 M1951 手枪等。

20 世纪 70 年代后，又出现了一些新手枪，如伯莱塔公司的 92F 手枪、奥地利格洛克公司的格洛克 17 ~ 23 系列手枪等。从 19 世纪末自动手枪出现至今，尽管手枪特别是近代手枪在技术上并没有重大突破，但仍得到一定程度发展，包括手枪自动原理和结构的改进与发展，而且手枪的口径也经历了一个由大到小、又由小到大的发展过程。

HK P7 手枪

手枪按使用对象可分为军用手枪、警用手枪和运动用手枪；按用途可分为自卫手枪、战斗手枪(大威力手枪和冲锋手枪)和特种手枪(包括微声手枪和各种隐形手枪)；按结构可分为自动手枪和左轮手枪。与其他枪械比，手枪的主要特点如下。

1. 重量轻，体积小。军用手枪装满子弹时的质量一般在 1 千克，警用手枪一般在 800 克，便于随身携带。

2. 枪管较短。手枪的口径多在 7.62 ~ 11.43 毫米之间，也有采用小口径

的，但大多采用 9 毫米口径，适合杀伤近距离内的有生目标。

3. 采用弹匣供弹。自动手枪和左轮手枪都采用弹匣供弹，自动手枪弹匣容量大，多为 6 ~ 12 发，有的可达 20 发；左轮手枪的弹匣又是弹膛，容弹量较小，一般为 5 ~ 6 发。

4. 多采用半自动（单发）射击，但也有少数手枪（如冲锋手枪）采用全自动（连发）射击方式。半自动射击的战斗射速为 30 ~ 40 发 / 分钟，全自动射击的战斗射速则高达 120 发 / 分钟。

5. 结构简单，操作方便，易于大批量生产，成本低。

6. 不足之处是有效射程短，一般为 50 米，冲锋手枪的有效射程远些，但也不超过 150 米。

手枪的发展趋势

1. 发展双动手枪将会成为重点

手枪的击发方式可以分为单动和双动两种，以左轮手枪为例，单动击发是在每次开枪前都需要将手枪的撞针拉至手枪后方，然后扣动扳机，而双动击发则无须此动作，直接扣动扳机即可。双动击发较单动击发具有更高的安全性，并且减少了手枪的操作程序，也为使用者的及时自卫提供了时间优势。

2. 让手枪从自卫型走向进攻型

进攻型手枪的概念是美国特种作战司令部于 1990 年 11 月提出的，它的目的是使手枪既作为士兵的自卫武器，又可在长枪受损时充当进攻型武器使用，而且可用不同的枪弹对付不同的对象。

3. 向冲锋手枪和小口径冲锋枪靠拢

手枪由于弹匣容量小、射程近、故障率高等而被限制了使用，因而有些国家提出用冲锋手枪甚至小口径冲锋枪取而代之，手枪的未来发展也很有可能会向着冲锋手枪和小口径冲锋枪的方向靠拢。

4. 弹药通用化

目前手枪除统一弹药口径，使其通用化外，还可通过变换枪管、复进簧、弹匣等部件发射多种完全不同的枪弹，以满足不同的需要。展望未来，无论手枪如何发展，在今后很长一段时期内，它仍会占据应有的位置。

第2章 半自动手枪

一般的半自动手枪可以自动装填、单发射击，用可拆式弹匣供弹，有空枪挂机装置，弹匣可携带6 ~ 15 发子弹，部分型号甚至可装 20 发子弹，是现代军用、警用、民用的主流手枪。

美国柯尔特 M1911 手枪

M1911 手枪是美国柯尔特 (Colt) 公司生产的一款半自动手枪，曾经是美军在战场上常见的武器，经历了一战、二战、越战以及海湾战争。

性能解析

基本参数	
口径	11.43 毫米
全长	210 毫米
枪管长	127 毫米
空枪重量	1105 克
有效射程	50 米
枪口初速	251.46 米 / 秒
弹容量	8 发

M1911 手枪的操作原理为：弹头被推出枪管时，枪管和套筒也因后坐力而后退，枪管尾端以铰链为轴朝下方摆动。同时，套筒内的闭锁凹槽和枪管尾端的凸筋分离，弹壳退出枪膛并弹出，后退到最后的套筒在弹簧的作用下复位将弹夹内的子弹上膛，手枪所有结构复位。

M1911 手枪使用起来非常安全，不容易出现走火等事故。它采用了双重保险设计，其中包括手动保险和握把式保险。手动保险在枪身左侧，处于保险状态时击锤和阻铁都会被锁紧，套筒不能复进。握把式保险则需要用掌心保持按压力度才能保持战斗状态，松开保险后手枪就无法射击。

M1911 手枪性能优秀，其 11.43 毫米的大口径能够确保在有效射程内快速让敌人失去战斗能力，而且该手枪的故障率很低，不会在一些关键时刻“掉链子”，这两点对战斗手枪来说非常关键。此外，该手枪结构简单，零件数量较

少，而且比较容易拆解，方便维护和保养。当然，M1911 半自动手枪也有一些缺点，比如，弹匣容量为 7 发，包括枪膛内的 1 发子弹，一共 8 发，而且体积和重量稍大，后坐力也偏大。

服役情况

在通过所有试验后，柯尔特的参选手枪在 1911 年 3 月 29 日正式成为陆军的制式手枪，定名为 M1911(Model of 1911)，并且在 1913 年成为了美国海军、美国海军陆战队的制式手枪。在一战开始前，柯尔特已经进行大量生产以满足美军的要求，国营的春田兵工厂也参与了生产。

一战的经验令军方提出对 M1911 进行一些外部改进的要求，改进时间自 1920 年中开始。包括扳机稍微后移、加大扳机护弓、加阔准星、握把近扳机护弓的位置加上凹槽、加长握把式保险上方的凸出部以避免射手虎口被击锤锤伤、加厚握把尾部 (后来版本又被简化了)、加长击锤以利于操作及简化了握把上的纹路等。这些改进在 1924 年完成，1926 年定案，新版本定名为 M1911A1，由于没有进行内部修改，因此内部零件仍可与 M1911 互换。

美国 M9 手枪

M9 手枪是意大利伯莱塔 (Beretta) 公司为美军设计的一款半自动手枪，由于其性能优良，目前仍被美国几支特种部队所采用。

性能解析

基本参数	
口径	9 毫米
全长	217 毫米
枪管长	125 毫米
空枪重量	952 克
有效射程	50 米
枪口初速	353.56 米 / 秒
弹容量	15 发

M9 手枪的套筒座，包括握把都是由铝合金制成的，不过为了减轻枪的重量，握把外层的护板是木质的。在保险装置上，不再是过去的按钮式，而是变成了摇摆杆。扳机护圈的增大，使戴上手套扳动扳机也非常方便。另外，M9 手枪维修性好、故障率低。据试验：枪在风沙、尘土、泥浆及水中等恶劣战斗条件下适应性强，其枪管的使用寿命高达 10 000 发。从 1.2 米高处落在坚硬的地面上不会出现偶发，一旦在战斗中损坏，较大故障的平均修理时间不超过半小时，小故障不超过 10 分钟。

2003 年，美国军方推出了 M9 改进型，名为 M9A1，主要加入了皮卡汀尼导轨以对应战术灯、激光指示器及其他附件。此外，还配发物理气相沉积 (PVD) 胶面弹匣来提高可靠性，以便在阿富汗、伊拉克等沙漠地区顺利使用。

总体设计

M9 手枪沿用 92F 的设计，采用短行程后坐作用原理、单 / 双动扳机设计，以 15 发可拆式弹匣供弹，保险制及弹匣释放钮左右两面皆可操作。M9 手枪配发 M12 手枪套 (伯莱塔 UM84 手枪套系统中的一部分)，但也有士兵采用其他手枪套。

美国 MEU(SOC) 手枪

MEU(SOC) 手枪是由美国海军陆战队精确武器工场设计生产的一款半自动手枪，是该国海军陆战队远征队侦察部队的备用枪械，从 1985 年一直使用至今。

性能解析

基本参数	
口径	11.43 毫米
全长	209.55 毫米
枪管长	128.27 毫米
空枪重量	1105 克
有效射程	70 米
枪口初速	252.98 米 / 秒
弹容量	7 发

MEU(SOC) 手枪的组件都是由手工装配，因此不能互换。武器序列号的最后四个数字分别印在枪管的顶部和套筒部件的右侧。早期的套筒前端没有防滑纹，为了便于射手轻推套筒来确认膛内是否有弹，新的套筒在前端增加了防滑纹。该手枪安装了一个纤维材料的后坐缓冲器，缓冲器可以降低后坐感，在速射时尤其有利。但缓冲器本身似乎不太耐用，而且缓冲器产生的小碎片容易积累在手枪里面导致故障。大多数陆战队员认为这没多大问题，因为在陆战队里面所有的武器都能得到定时和充分的维护，但这个装置至今还是一直受到争议。

美国海军陆战队的队员在 1983 年入侵格林纳达、1989 年入侵巴拿马、1992 年的索马里战争以及 2001 年的阿富汗战争、2003 年的伊拉克战争中使用的手枪都是 MEU(SOC) 手枪。

MEU(SOC) 手枪是以军方原来发配给部队的柯尔特 M1911A1 政府型手枪为基础，在弗吉尼亚州提科镇的美国海军陆战队精确武器工场 (英语：USMC Precision Weapons Shop，PWS) 经过人手挑选、分解、清理毛刺和做好装上新部件准备。然后装上售后市场上的配件，包括：由 Videcki 公司生产的握把式保险、圆形击锤、左右两面皆可由拇指操控的手动保险和更轻的扳机，由 Bar-Sto 公司生产的经过改进、更高命中率的机械瞄具和精确的比赛等级不锈钢枪管和由威尔逊战斗产品公司生产的 Pachmayr 橡胶握把和前端的锯齿状防滑纹。

美国 Bren Ten 手枪

Bren Ten(布伦·坦)手枪是美国多诺斯和迪克逊企业公司设计的一款半自动手枪，其特点是拥有一般手枪的小体积、具有左轮手枪的大威力。

性能解析

基本参数	
口径	10 毫米
全长	222 毫米
枪管长	127 毫米
空枪重量	1100 克
有效射程	40 米
弹容量	8/10/15 发

Bren Ten 手枪是第一种发射 10 毫米 AUTO 子弹的手枪，该手枪从全尺寸型到袖珍型，共有十几种不同的型号。由于 Bren Ten 手枪是纯手工生产和装配，所以产量非常低，当时的产量不足 1500 把。后来，公司想回笼资金，在 Bren Ten 手枪没有进行严格测试的情况下就开始接受订单，最终因弹匣问题而导致 Bren Ten 手枪市场崩溃。1986 年，Bren Ten 手枪公司被迫申请破产。

总体设计

Bren Ten 手枪的整体设计基本上是由 CZ-75 略为放大和改变口径而成的，所以是 CZ-75 的仿制衍生型，结构原理和 CZ-75 基本相同但略有改进。该手枪分为单动或双动，并有自动击针保险。拇指操作的手动保险有待击解脱功能，个别型号安装有两侧手动保险。Bren Ten 采用全可调的 3 点式瞄具。全枪由不锈钢制成，表面分别进行了烤蓝或镀铬处理。

美国史密斯 – 韦森 M1076 手枪

M1076 是美国史密斯 – 韦森公司 (Smith & Wesson，后文统称 SW 公司) 设计生产的一款半自动手枪，曾是美国联邦调查局 (FBI) 标配武器，但由于弹药的原因，其使用年限不到 5 年。

性能解析

基本参数	
口径	10 毫米
全长	200 毫米
枪管长	127 毫米
空枪重量	780 克
有效射程	50 米
枪口初速	350 米 / 秒
弹容量	9 发

M1076 被称为 SW 公司的“第三代”半自动手枪，该手枪舍弃了沿用多年的安置在套筒尾部的待击解脱杆，而改为安装在底把上的待击解脱杆。由于没有了手动保险，因此第一发总是双动击发的，后续的都是单动。该手枪枪身大部分由不锈钢制成，弹匣也是不锈钢，标准的弹匣容量为 9 发，并且 FBI 还为其特工配备 11 发和 15 发加长弹匣。瞄准具为柱形准星和缺口照门，准星和照门都可横向调整，且嵌有夜间瞄准用的氚光点。专门订购减装药 10 毫米口径 AUTO 弹，使得 FBI 感觉非常烦琐，所以他们改用格洛克 23 手枪。不久，M1076 手枪就从枪械市场上消失了。

美国史密斯-韦森M39手枪

M39手枪是SW公司设计生产的一款半自动手枪，虽然整体性能不是很好，但由于曾被美国“海豹”突击队以及伊利诺伊州警察采用过，所以显得不俗。

性能解析

基本参数	
口径	9毫米
全长	192毫米
枪管长	102毫米
空枪重量	780克
有效射程	50米
弹容量	8发

M39手枪是由美国SW公司设计的第一代半自动手枪，虽然没有正式被美军采用，但曾被“海豹”突击队使用过，所以它被普遍认为是一种相当具有突破性的手枪。M39手枪使用阳极氧化的铝制枪身，弯曲的握把背护片，以及一个连手动保险的钢制滑架。其握把护片均为木制品，弹匣释放钮位于扳机护圈后面，这与当时美军使用的M1911手枪十分类似。另外，此枪也有一种使用钢制枪身的版本，但它的产量有限。

总体设计

M39采用了许多来自瓦尔特P38手枪的设计，包括其待击解脱杆和8发容量的弹匣。但在枪管和滑套方面M39却采自传统的半自动手枪设计，而非像P38的外露式枪管设计。另一些机制则取自勃朗宁大威力手枪。伊利诺伊州警察于1967年采用M39，这一举动令许多执法部门也相继地采用半自动手枪，同时也为更适合警方于特别行动时使用的M59手枪提供了商机和宣传。

美国史密斯 – 韦森西格玛手枪

西格玛手枪是美国 SW 公司于 1993 年开始研制，并于 1994 年 3 月正式亮相的半自动手枪。西格玛手枪是一种使用不锈钢枪管、工程塑料套筒座、撞击杆击发、大容量弹匣的半自动战斗型手枪，具有口径较大、带弹量大、威力大的三大特点。

基本参数	
口径	10 毫米
全长	188 毫米
空枪重量	737 克
有效射程	50 米
弹容量	15 发

性能解析

西格玛手枪使用枪管短后坐式工作原理，在膛内带弹时，可以通过套筒上相应的部位表示出来。在双动击发时，扳机需要约 36.75 牛顿的力量才能扣动，其结构为铰接在一起的两段式扳机。扳机的内部设有扳机阻铁式保险，以防止手枪在受到外力时意外走火。此外，该手枪的弹匣的制作材料为碳钢，表面有一层化学镀镍层。西格玛手枪的瞄准装置为缺口式照门和准星组成，照门可以方便地调整风偏。此外，该手枪的弹匣容量较大，可以容纳多达 15 发 10 毫米子弹。

总体设计

西格玛手枪有几个系列，每个系列都有两种口径的型号。第一个系列就是 1994 年推出的，SW40F 和 SW9F，后缀的“F”指全尺寸型号。F 系列采用黑色聚合物底把和烤蓝钢或不锈钢的套筒，均采用双排大容量弹匣供弹，其中 SW40F 的弹匣容量为 15 发，而 SW9F 为 17 发。不久后，又推出了紧凑型的 SW390M 和 SW9M 手枪，M 系列都采用黑色聚合物底把和烤蓝钢套筒，都使用单排弹匣供弹。西格玛手枪另外还有 SW40C、SW9C 和 SW40VE、SW9VE 等系列。

美国 M45A1 手枪

M45A1 手枪是柯尔特公司设计生产的一款半自动手枪，其前身是声名赫赫的 M1911 手枪，目前有政府型、指挥官型和轻型指挥官型三种型号。

性能解析

基本参数	
口径	11.43 毫米
全长	215.9 毫米
枪管长	127 毫米
空枪重量	1034.76 克
有效射程	50 米
枪口初速	310 米 / 秒
弹容量	7 发

M45A1 手枪采用了单一的全尺寸型复进簧导杆，以及串联式复进簧组件，因此需要在套筒的前面留下多条锯齿状凸起的防滑纹，以加强其在强大压力下的抗变形力。该手枪设有上翘河狸尾状棕榈形隆起底部式握把式保险、柯尔特战术型延长双手拇指通用手动保险、诺瓦克 (Novak) 低接口进位型氚光圆点夜间机械瞄具、增强型中空指挥官型风格击锤、3 孔式锯齿形表面铝制扳机（军警用型则为无孔式铝制扳机）、调低和扩口式抛壳口。另外，但更重要的还是它的套筒下、扳机护圈前方的底把防尘盖上整合了一条 MIL-STD-1913 战术导轨，提供了安装各种战术灯、激光瞄准器和其他战术配件的通用性，使得它成为一把容易适应任何军事或执法需要的战术手枪。

总体设计

M45A1 是以柯尔特 XSE 手枪为蓝本，并加以改进而成，因此枪身上仍然留下很多柯尔特 XSE 手枪的影子。作为其中一把 M1911 型号的手枪，它的膛室设计和发射的通常都是 .45 ACP 子弹；而且不少零部件也可与其他 M1911 型号通用，或改用商业市场出售的相关零部件，如握把侧板、机械瞄具和弹匣。

M45A1 是一把全尺寸型号的 M1911 手枪，装有一根 127 毫米 (5 英寸) 锻压不锈钢国家比赛等级枪管。底把和套筒都是由锻压钢制造。不锈钢和黑色、沙色枪身型柯尔特磁道炮的机匣表面分别使用了拉丝亚光和 Cerakote 氮化表面转换处理。柯尔特磁道炮采用了单一的全尺寸型复进簧导杆，以及串联式复进簧组件，因此需要在套筒的前面留下多条锯齿状凸起的防滑纹以加强其在强大压力下的抗变形力。

美国 M4504 手枪

M4504 手枪是 SW 公司设计生产的一款半自动手枪，主要供应给美国执法机构。

基本参数	
口径	11.43 毫米
全长	215.9 毫米
空枪重量	1020 克
有效射程	50 米
枪口初速	342 米 / 秒
弹容量	8 发

性能解析

M4504 手枪采用枪管短后坐自动方式，枪管摆动式闭锁装置。该手枪最大的一个特点是：可以根据射手不同的习惯对该手枪照门和扳机护圈做一些小的改动，使之演变成另一种型号的手枪，其性能基本上与 M4504 相同。

美国 Mk22 Mod 0 手枪

Mk22 Mod 0 手枪是 SW 公司设计生产的一款半自动手枪，主要服役于美国“海豹”突击队。

基本参数	
口径	9 毫米
全长	216 毫米
枪管长	112 毫米
空枪重量	737 克
有效射程	50 米
枪口初速	274 米 / 秒
弹容量	8 发

性能解析

由于 Mk22 Mod 0 手枪的消声器直径较大，枪身上安装了消声器后就遮挡了机械瞄具的视线，所以消声器顶部另设有简单的准星和照门。该手枪发射专用绿色涂装弹头枪弹，非常适合夜间和潮湿环境下使用。

此外，该手枪还专门增加了一个套筒锁，在使用消声器和亚音速弹射击时，可以使套筒保持闭锁状态来提供消声效果，但需要手动抛壳和装填。不过，它有一个比较烦琐的使用动作，就是为了保证消音器的消音质量，每发射 22 发子弹就需要更换消声器。

Mk22 Mod 0配用的枪弹是专门的绿头标记9毫米弹，重10.2克(158格令)，枪口初速 274 米 / 秒 (900 f.p.s)，低于音速。如果使用标准的超音速弹会迅速降低消声器的使用效果。在使用亚音速弹，消声器的橡胶封垫最好的效果是大约在 30 发以内，如果打标准弹，打 6 发就得更换橡胶封垫。美国海军定型的消声器为 Mk3 Mod 0。专用枪弹和后备的消声器配件组成的附件包称为 Mk26 Mod 0，每个附件包里包括 24 发 9 毫米亚音速手枪弹 (Mk144 Mod 0) 和一个消声器橡胶封垫。

美国 PMR-30 手枪

PMR-30 手枪是由美国凯尔科技数控工业公司 (Kel-Tec CNCIndustries Company，Kel-Tec 公司) 设计的一款半自动手枪。

性能解析

基本参数	
口径	5.59 毫米
全长	200.66 毫米
枪管长	109.22 毫米
空枪重量	385.6 克
有效射程	50 米
枪口初速	374.89 米 / 秒
弹容量	30 发

PMR-30 手枪发射 5.59 毫米口径的温彻斯特 - 马格南枪弹，采用双排双进的 30 发弹匣。PMR-30 不仅容易操控，而且弹匣容量大，足足有 30 发。但发射的枪弹尺寸很小，所以这个双排双进的塑料弹匣长度跟普通 9 毫米口径手枪的 15 发双排弹匣差不多，不过宽度要小很多，因此握把比 9 毫米口径手枪的要窄，手掌较小的人也能握得很稳。该手枪非常适合女性防身。

PMR-30采用回转式击锤击发，击锤藏在套筒内，因此只能采用纯双动击发。扳机是简单的一道火扣压，它的扳机手感和Kel-Tec其他手枪一样糟糕，再加上是纯双动，所以要想上靶可得多练习。该手枪左右两侧都有手动保险，可用拇指操控。它的套筒为钢制，底把为聚合物，枪管表面有开槽，既是为了减重，也是为了增加散热速度。

总体设计

PMR-30采用了直接后坐作用的枪机，加上膛室内部的凹槽，便大大减少了抽壳时弹壳和枪膛之间的摩擦力。它具有23牛顿(3.5 ~ 5磅力)扣力的单动操作扳机和在底把后端的手动安全装置。它的膛室是特别为了发射.22温彻斯特马格努姆凸缘式弹型(英语:.22 Winchester Magnum Rimfire)子弹而设计的。由于该子弹的弹壳长度比常见的.22 LR运动步枪子弹更长且装药量更大，膛室内加工有横向的环形凹槽，发射时弹壳膨胀变形陷进凹槽里，抽壳阻力增大，以达到延迟后坐的目的。这样的自动方式在现代手枪中并不多见。如此设计可以防止炸壳及套筒后坐速度过大。而其原厂可拆卸式弹匣具有30发的容量，弹匣释放按钮的位置是在扳机护圈的后部。当不完全分解此枪时只需要移除位于枪身中间的一根插销。

美国鲁格 P85 手枪

P85 手枪是鲁格公司设计生产的一款半自动手枪，是该公司自主研发生产的第一种军用半自动手枪。

基本参数	
口径	9 毫米
全长	198 毫米
枪管长	114 毫米
空枪重量	907 克
有效射程	50 米
枪口初速	287 米 / 秒
弹容量	15 发

性能解析

P85 手枪有几个突出的特点。第一，全枪只有 56 个零件，而且没有复杂的零件，分解和组装十分方便。第二，瞄准具设计独特，准星为刀形，外形低，靠两个横销固定在套筒上，方形缺口照门准星形状为刀形，高度低，如遇风偏影响，照门可作横向移动进行修正，射手可快速发现目标，并获得正确的瞄准图像。第三，耐用性好，该手枪的套筒与不锈钢枪管牢固地结合在一起，然后两者一起后坐，后坐一段距离后，枪管从其锁定位置开始向下浮动，而套筒继续后坐并完成抽壳和抛壳过程。经测试，使用该手枪发射 20000 发子弹，枪械受力件没有出现破损，同时结构内部的运动件也没有出现明显的磨损痕迹。

美国鲁格 P345 手枪

P345 手枪是美国鲁格公司设计生产的一款半自动手枪，在美国手枪市场方面，其与奥地利格洛克手枪进行着激烈的市场争夺赛，可见该手枪各方面都很出众。

基本参数	
口径	11.43 毫米
全长	194 毫米
枪管长	107 毫米
空枪重量	832 克
有效射程	50 米
枪口初速	241 米 / 秒
弹容量	8 发

性能解析

P345 手枪凸耳外形独特，枪管后下部的凸耳带有凹槽，与复进簧导杆后部的凸耳啮合在一起，完成开闭锁过程中的枪管偏移动作。凸耳连接方式由铰链结构改为啮合结构，极大地提高了武器的耐用性。在复进簧导杆上除了装有复进簧外，还增加了一个缓冲簧，以缓和套筒后坐到位时的撞击。P345 手枪与占有军警市场的格洛克手枪相比，主要区别是击发机构。格洛克手枪采用击针式击发机构(无击锤)，而 P345 手枪采用传统的击锤式击发机构。

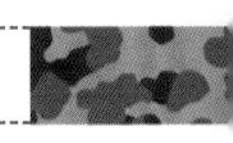

P345 手枪的弹匣扣为按压式，外露部分呈圆形。而之前的鲁格 P 系列手枪的弹匣扣多为前方斜向推动式，外露部分呈方形，操作性较差。该手枪采用片状准星，插入套筒上的燕尾槽中，而之前的 P 系列手枪是用 2 个穿销将不可调式片状准星固定在套筒上。P345 手枪的照门与以前的一样，为方形缺口式，但外形比以前的好看。P345 手枪的握把适于大部分射手握持，但握把的倾斜度不够，连续射击时不容易控制。但也受到了手掌较小和初级使用者的青睐。

总体设计

P345 手枪的套筒座前部装有导轨，保险机构设计新颖，是市场上最具安全性的自动手枪之一。P345 手枪采用勃朗宁式枪管短后坐工作原理，枪管偏移式闭锁机构。虽然这种工作原理与 P85 手枪相同，但 P345 手枪复进簧导杆上的凸耳有较大改进。P85 手枪上的凸耳受柯尔特政府型手枪结构的影响，以铰链方式连接。但 P345 手枪凸耳外形独特，枪管后下部的凸耳带有凹槽，与复进簧导杆后部的凸耳啮合在一起，来完成开闭锁过程中的枪管偏移动作，射击几万发枪弹也不容易松动。

美国鲁格 LCP 手枪

LCP 手枪（LCP 为 Lightweight Compact Pistol 的缩写，意为轻巧紧凑型手枪）是美国鲁格公司设计生产的一款半自动手枪，属袖珍型防卫武器，由于其质量轻巧，非常便于放在踝部枪套或是手包中携带。

性能解析

基本参数	
全长	131 毫米
枪管长	70 毫米
空枪重量	270 克
枪口初速	276 米 / 秒
弹容量	7 发

LCP 手枪设计有一个手动挂机卡榫，向后拉动套筒并上推卡榫，可使套筒停于后方位置，以便观察枪身内部的情况。如果使已经上推的卡榫复位，则需要将装有子弹的弹匣卸下后重新推入，或者向后拉套筒，在弹簧力作用下卡榫自动复位。弹匣底板和托弹板采用合成材料，弹匣外壳由经过发蓝处理的钢材制成。机械瞄具设计得非常简单，在套筒后部铣有一个方形缺口，这就是照门，前面则是一个很小的准星。

枪管在靠近枪口处设计成沙漏形状，有助于待击状态时将枪管和套筒紧锁在一起。套筒座后部为圆滑曲面，圆弧半径较大，且套筒位于足够高的位置，使握枪的手不会干涉套筒复进，这样在射击时不会出现套筒“打”手的现象，而这种现象正是很多微型手枪存在的弊病。

LCP 手枪的黑色套筒座由高强度玻璃纤维填充尼龙模铸成型，套筒由钢制成，表面发蓝处理。

美国马格南 V 形手枪

马格南 V 形手枪是由哈利·桑福德 (Harry Sanford) 设计、阿卡迪亚机器及工具公司 (Arcadia Machine and Tool，AMT) 等公司生产的一款半自动手枪，发射 .50 AE(12.7×33 毫米) 手枪子弹，威力巨大。

性能解析

基本参数	
口径	12.7 毫米
全长	273 毫米
枪管长	167 毫米
空枪重量	1310 克
有效射程	50 米
枪口初速	426 米 / 秒
弹容量	7 发

马格南 V 形手枪内置的枪口补偿装置非常普通，就是在枪管顶部两旁各开两个孔，以利用射击时所排出的高压气体来抑制枪口方向。不过对一般人来说，马格南 V 形手枪发射弹药时，产生的巨大后坐力和枪口补偿装置所导致的刺耳噪声难以容忍。

马格南 V 形手枪使用 5 或 7 发可拆卸式弹匣作为其供弹方式。和其他 AMT 生产的马格南手枪一样，是以所有的先进材料技术所制造的半自动马格南手枪，主要是以不锈钢铸造其零件。

美国 Grizzly 手枪

Grizzly(灰熊)手枪是佩里·阿内特(Perry Arnett)设计、L.A.R. 公司(公司名字来源于三位创办人名字的缩写:Larisch、Augat 和 Robinson)生产的一款半自动手枪。

基本参数	
口径	12.7 毫米
全长	260.35 毫米
枪管长	137.16 毫米
空枪重量	1360 克
有效射程	200 米
枪口初速	426 米/秒
弹容量	7 发

性能解析

Grizzly 手枪使用威力更大的 11.43 毫米温彻斯特–马格南子弹，而不是原版 M1911 手枪的 11.43 毫米 ACP 子弹。之后推出的 Grizzly V 形手枪，还可以发射 11.17 毫米马格南和 12.7 毫米 AE 子弹。由于该手枪的尺寸、重量和后坐力较大，其主要市场是在狩猎和金属靶射击。Grizzly 手枪于 1999 年停止生产，但直到现在，生产商仍然生产着相关的备用零件。

总体设计

标准 Grizzly 手枪具有一个全长 5.5 英寸的套筒，最常见是装有一根 6.5 英寸的枪管，而有一英寸从套筒向外延伸出来;较不常见的是使用与套筒适型的 5.5 英寸枪管搭配原厂装配的衬套式枪口缓冲补偿器。另外，也为狩猎和金属轮廓靶子竞赛而少量生产具有 8 英寸和 10 英寸枪管的特殊型号。

Grizzly 手枪口径的改装套件通常包括一根枪管、一个弹匣、抛壳顶杆、抽壳钩、枪管衬套和复进簧。一些还包括一个衬套式枪口缓冲补偿器和用于装上补偿器的扳手。

美国柯尔特 380 手枪

380 手枪是由美国柯尔特公司设计生产的一款半自动手枪。

性能解析

基本参数	
口径	9 毫米
全长	152 毫米
空枪重量	615 克
有效射程	50 米
弹容量	7 发

它体积较小，重量也极轻，仅为 615 克，很适合隐藏携带。该手枪作为战斗突击手枪使用，其口径为 9 毫米，虽然相比 M1911 这类大口径手枪来说，无论是体积还是威力都相差甚远，但是其后坐力同样要小很多，从而直接提高了射击精度。该手枪使用传统的瞄准装置，其弹匣采用扁平式设计，容量为 7 发。

美国柯尔特“鹰”式手枪

“鹰”式手枪是美国柯尔特公司于20世纪90年代推出的双动型半自动手枪。

基本参数	
口径	9毫米
全长	216毫米
枪管长	127毫米
空枪重量	1100克
有效射程	50米
弹容量	8发

性能解析

“鹰”式手枪采用枪管短后坐式工作原理，虽然是双动手枪，但也可以单动。该手枪还有一些显著特点，比如，扳机护圈较大，便于双手或者戴手套时使用。该手枪在子弹打完之后，套筒挡铁会使套筒处于空仓挂机状态，便于使用者快速了解弹药使用状态。该手枪使用准星和照门组成的普通瞄准装置，使用的弹药为9毫米帕拉贝鲁姆手枪弹，弹匣能够装填8发待发子弹。

美国卡利科 M950 式手枪

卡利科 M950 手枪是美国卡利科枪械公司研制的一款半自动手枪。

性能解析

基本参数	
口径	9 毫米
全长	356 毫米
枪管长	152 毫米
空枪重量	1000 克
有效射程	50 米
枪口初速	393 米 / 秒
弹容量	50/100 发

卡利科 M950 弹匣容量极高，多达 50/100 发，同时还具有不小的 9 毫米口径，能够有效地杀伤近距离内的有生目标。卡利科 M950 采用的是半自由枪机式工作原理，使用了滚柱式延迟后坐闭锁方式。该手枪使用 9 毫米帕拉贝鲁姆手枪弹，以弹匣方式进行供弹，有 50 发和 100 发两种弹匣。该手枪采用的瞄准装置为缺口照门表尺和柱状准星，使用者可以对该瞄准装置进行自定义调节。

总体设计

卡利科 M950 最大的特点就是其高容量、圆柱形、螺旋供弹的弹筒、可伸缩的枪托和塑料枪身。螺旋供弹的弹筒令其在一个比较狭窄的空间内的弹数都可以在 100 发内。虽然原厂制作的开放式照门可以保证其合理的精度为大约 60 米 (196.85 英尺，65.62 码)，但并不是表示此枪的有效射程不可能超过 100 米。而子弹射击后，弹壳会像 FN P90 一样向下抛掉。另外该枪有足够的枪管长度，因此可以在护木下装上前握把令射击时更舒适和准确。

美国M15手枪

M15手枪是美国在1972年开始为高级军官所使用的半自动手枪，用来替代二战结束后停止生产从而导致库存量不足的柯尔特袖珍型手枪。

性能解析

M15手枪和M1911手枪相似，发射弹药及弹匣容量也相同，只是在体积上有所减小。

M15手枪采用缺口照门，片状准星，动作原理与M1911A1式相同，只是尺寸有所减小。由于枪管缩短，因此枪口焰和声音较大。

基本参数	
口径	9毫米
全长	200毫米
枪管长	106毫米
空枪重量	1020克
有效射程	50米
枪口初速	245米/秒
弹容量	7发

美国 FP45“解放者”手枪

FP45“解放者”(Liberator) 手枪是一种美军在二战中专供抵抗组织使用的简易枪支，主要被游击队用来偷袭敌军。

基本参数	
口径	11.43 毫米
全长	141 毫米
枪管长	102 毫米
空枪重量	454 克
枪口初速	250 米 / 秒
供弹方式	手动装填 / 单发

性能解析

“解放者”手枪装填子弹时要用手把滑动后膛打开，把子弹塞进去后再合上，还要用手把击锤扳到待发状态才能扣动扳机。每次发射后，都要打开后膛，然后用纸盒内附带的小木棍 (或类似的适当替代品) 把空弹壳顶出枪管。握把里面是空的，底板可以滑动，在握把里面存放着额外的弹药。由于这种枪的枪管制造得非常粗糙，也没有膛线，因此射击精度非常差，再加上每次只能打一发，因此使用者往往是拿着一把装好子弹的手枪，潜伏在路边，当落单的敌人经过时，以迅雷不及掩耳之势跳出来，在极近的距离射击要害部位。如果一枪不能击毙敌人，就没有机会开第二枪了。但由于这种枪是超近距离射击，所以命中率非常高。

“解放者”手枪主要是用来抢夺敌人的武器弹药，集中武装和壮大抵抗队伍。二战结束后，大批“解放者”手枪被美国回收和销毁，许多收藏家想要找一把“解放者”手枪也相当不容易。销毁“解放者”这个愚蠢行为导致的后果是，当 CIA 想要在其他战场使用类似的东西时，他们不得不重新设计和制造，并命名为“鹿枪”。然而，他们并没有学到前辈们的经验教训。大量“鹿枪”也在越战后被销毁，导致“鹿枪”比“解放者”更罕见。

德国伯格曼 M1896 手枪

M1896 手枪是由西奥多·伯格曼设计的一款半自动手枪，在当时是非常先进的武器，其优点不言而喻，缺点是弹药威力不足。

性能解析

基本参数	
口径	8 毫米
全长	254 毫米
枪管长	102 毫米
空枪重量	1130 克
枪口初速	380 米 / 秒
弹容量	5 发

M1896 手枪的自动方式为自由枪机式。这种自由枪机式是伯格曼独创的，在枪械发展史上占有一席之地。自由枪机的自动方式特点是，枪机和枪管完全没有扣合，只是靠枪机的重量和复进簧的张力关闭弹膛。该自动方式只适用于小型武器，对大型武器来说并不合适，这是由于装药量很大，很容易出现弹壳炸裂、后坐力太大等问题。

早期生产的 M1896 伯格曼自动手枪没有抽壳钩和抛壳挺，因为它使用的是无底缘式枪弹。它通过火药燃气产生的后坐力将弹壳和枪机向后推，当弹壳刚好退出枪膛时，弹壳在下一发枪弹的挤压下而抛出。枪弹可一发一发地装填，也可通过弹匣装填。这两种供弹方式都是通过打开枪身右侧的可移动弹匣盖实现的。

该手枪的保险是通过向上扳动保险杆实现的。保险杆是一个位于枪身左侧握把上方的弧形杆。当击锤后压到位时，向上扳动保险杆，便将击锤锁定实现保险。

德国鲁格 P08 手枪

鲁格 P08 手枪是两次世界大战里德军具代表性的手枪之一，其停产以后，只有警察中还有人使用。由于该手枪的知名度颇高，至今仍是世界著名手枪之一。

性能解析

基本参数	
口径	9 毫米
全长	222 毫米
枪管长	98 毫米
空枪重量	871 克
有效射程	50 米
枪口初速	400 米 / 秒
弹容量	8/32 发

鲁格 P08 最大的特色是其肘节式闭锁机，它参考了马克沁重机枪及温彻斯特贡杆式步枪的工作原理。该手枪采用枪管短后坐式工作原理，是一种性能可靠、质地优良的武器。它有多种变形枪。其中，P08 炮兵型是该系列手枪中的佼佼者，极其珍贵，它由德国 DWM 公司于 1914—1918 年生产，仅 2 万支。其准星为三角形斜坡准星，可调风偏。炮兵型的鲁格 P08 射击精度较高，能够命中 200 米处的人像靶。

1900 年，鲁格 P08 被瑞士军队作为制式手枪，成为世界上第一把制式军用半自动手枪；1908 年，鲁格 P08 又被德国陆军选为制式手枪。虽然鲁格

P08 生产工艺要求高、零部件较多、成本也较高，但是该手枪直到 1942 年年底才正式结束其批量生产。该手枪一共生产了约 205 万支，经过二战的消耗，剩余极少。

总体设计

鲁格 P08 制造商名称 DWM 或 Erfurt 标于套环前端。序列号标于枪管延长部位左侧，最后 3 或 4 个数字几乎出现在每个可拆卸部件上。手动保险位于套筒座后部左侧，向上为保险，向下为射击。弹匣扣为按压式按钮，位于套筒左侧、扳机后方。

使用情况

由于 P08 手枪的“蜗牛”式弹匣性能不佳，现已很少与这种枪配用。炮兵和海军型号握把底部有镂空，用于安装木制枪托。

德国瓦尔特 PP/PPK 手枪

PP 手枪是由卡尔·瓦尔特运动枪有限公司 (Carl Walther GmbHSportwaffen，后文统称瓦尔特公司) 设计生产的一款半自动手枪，PPK 手枪是 PP 手枪的派生型，尺寸略小。虽然两者都已经诞生了 80 多个年头，但仍是小型手枪的经典之作。

性能解析

PP/PPK 构成了一个适合于特殊工作需要的自卫手枪族，它们的结构极为简单，两枪的零件总数分别是 42 件和 39 件，而其中可以通用的零件为 29 件。

基本参数	
口径	9 毫米
全长	170 毫米
枪管长	98 毫米
空枪重量	665 克
有效射程	30 米
枪口初速	256 米 / 秒
弹容量	8 发

PP/PPK 采用外露式击锤，配有机械瞄准具。套筒左右都有保险机柄。套筒座两侧加有塑料制握把护板。弹匣下部有一塑料延伸体，能让射手握得更牢固。此外，两者都使用 7.65 毫米柯尔特自动手枪弹。

PP 系列手枪的设计非常成功，其常青树般的生命力就已经充分地说明了这一点。它对二战后的手枪设计产生了极大的影响。很多世界精品手枪的设计，包括苏联的马卡洛夫 PM、匈牙利的 FEGPA-63 和捷克斯洛伐克的 CA50 等，都受到了 PP 系列手枪的影响。1945 年以后，土耳其、匈牙利均生产了一些 PP 手枪，法国马尼安公司也进行了特许生产。直到今天，瓦尔特公司仍然在生产这两款手枪。

使用情况

瓦尔特 PPK 手枪的变种 PPK/S 属于混合型，采用 PPK 的套筒和枪管以及 PP 的套筒座，由于该枪只销往美国，这样做旨在增大尺寸以绕过 1968 年通过的美国枪支管理法的限制。

1945 年 4 月，希特勒使用他的 PPK 手枪 (7.65 毫米 / 0.32 ACP) 在柏林元首地堡开枪自杀。此外，瓦尔特 PPK 手枪 (也是 7.65 毫米 /0.32 ACP) 在许多电影和虚构的小说中也屡见不鲜，更是秘密特工 007，詹姆斯·邦德的代名词。

德国瓦尔特 P1 手枪

P1 手枪是瓦尔特公司设计生产的一款半自动手枪，在二战期间被德军广泛采用，并取代 P08 手枪。

基本参数	
口径	9 毫米
全长	218 毫米
枪管长	124 毫米
空枪重量	772 克
有效射程	50 米
枪口初速	350 米 / 秒
弹容量	8 发

性能解析

P1 手枪自动方式为枪管短后坐式，闭锁方式为闭锁卡铁式。击发后，枪管和套筒一起后坐，枪管弹膛下的顶杆撞击闭锁卡铁后端斜面后，卡铁向下偏转，其下凸榫转入套筒座内，上凸榫离开套筒的闭锁槽而开锁。开锁后，枪管被套筒突肩阻住，停止后坐。套筒继续后坐，完成抽壳、抛壳等动作。

P1 式手枪在套筒尾部、击锤上方突出一指示杆，可指示膛内是否有弹。P1 手枪可双动击发，也可单动击发，有空仓挂机机构。采用 U 形缺口照门表尺、片状准星。

德国瓦尔特 P5 手枪

P5 手枪是瓦尔特公司二战后设计生产的第一款半自动手枪，目前仍是德国多支警察部队的制式武器，还有少部分在美国警察部队中服役。

性能解析

P5 手枪沿用 P38 手枪及 P1 手枪的内部设计及闭锁系统，但加强骨架结构并加入双后坐弹簧，相比后两者而言，P5 手枪还加长了套筒长度及改用了短枪管。该手枪采用单 / 双动扳机，击锤释放钮在机匣左面，其最独特之处是退壳口与其他手枪相反，设于套筒左面。

基本参数	
口径	9 毫米
全长	180 毫米
枪管长	90 毫米
空枪重量	795 克
有效射程	50 米
枪口初速	350 米 / 秒
弹容量	8 发

总体设计

瓦尔特 P5 手枪采用枪管短后坐式工作原理。射击后，枪管和套筒在闭锁卡铁的连接下共同后坐一小段距离。此后，闭锁卡铁在开锁杆的作用下下移，并迫使枪管下移，使其与套筒分离。

瓦尔特 P5 手枪虽然没有手动保险机柄，但只有当套筒复进到位，枪管闭锁，扳机完全扣到位才能击发。这样可以避免手枪跌落或手扳击锤向后偶然失手时走火。

瓦尔特 P5 手枪在左侧扳机钩后部有一待击解脱杆。当膛内有弹，击锤待击时，压下待击解脱杆可以使击锤向前回转；当击锤上的凹部与击针对应时，击锤停止运动，枪处于保险状态。射击时，手扣扳机，就可使击锤待击并击发。

德国瓦尔特 P38 手枪

P38 手枪是瓦尔特公司设计生产的一款半自动手枪，是二战中德军使用最为广泛的手枪之一。它具有外形美观、性能稳定、工艺先进等特点。

性能解析

P38 手枪的自动方式为枪管短后坐式，击发后，火药气体将闭锁在一起的枪管和套筒后推，经过自由行程后，弹膛下方凸耳内的顶杆抵在套筒座上，并向前撞击闭锁卡铁后端斜面迫使卡铁向下旋转，使上凸榫离开套筒上的闭锁槽，实现开锁。该手枪还有一个安全可靠的双动系统。这样，即使膛内有弹也不会发生意外。

总体设计

同其他瓦尔特手枪一样，二战结束前后的型号在外形尺寸上有细微差别。战后的 P38 手枪，有一个铝合金框架，而不是原设计的钢架。后来钢筋铝框用内六角螺栓的扳机护圈上方。

该枪是第一款采用双动发射机构的后膛闭锁手枪，可在枪弹上膛且击锤向下时携带，此时只需要扣动扳机即可发射第一发弹。枪身的铭文内容标于套筒左侧，序列号标于套筒左侧以及套筒座左侧、扳机护圈前方。保险位于套筒后部左侧，弹匣扣位于握把左侧、扳机后方。

基本参数	
口径	9 毫米
全长	216 毫米
枪管长	125 毫米
空枪重量	800 克
有效射程	50 米
枪口初速	365 米 / 秒
弹容量	8 发

使用情况

瓦尔特 P38 从 1938—1963 年一直被生产制造。但是从 1945—1957 年间，德国军队没有配备 P38。从 1957—1963 年，P38 再次成为德国军警的标准手枪。之后瓦尔特 P38 手枪陆续衍生出其他变种，部分被出口到欧洲各国。20 世纪 90 年代，德国军方开始更换 P1 手枪。2004 年，瓦尔特 P38 手枪 (又称 P1) 最终被淘汰。

德国瓦尔特 P88 手枪

P88 手枪是德国瓦尔特公司于二战后设计生产的一款半自动手枪，其设计有鉴于 P38 手枪，为其后 P99 手枪的诞生打下了基础。

性能解析

基本参数	
口径	9 毫米
全长	187 毫米
枪管长	102 毫米
空枪重量	568 克
有效射程	60 米
枪口初速	300 米 / 秒
弹容量	15 发

P88 手枪采用枪管短后坐工作原理，枪管摆动式闭锁。它的主要特点是两侧均有解脱杆，挂机柄和弹匣卡榫。保险机构为击针保险式，击针通常与击锤打击面不对正，即使击锤偶然向前回转，也撞不到击针，只有扣动扳机时，击针后端才会抬起，对准击锤的打击面。该手枪的弹匣采用双排设计，载弹量达到 15 发，加上枪膛中的 1 发共多达 16 发。

P88 手枪保险机构与 P5 手枪相同，即依靠不对正的击针，如果击锤意外释放，击针将与击锤上的凹槽对应。只有扣扳机到位，击针才会抬起并对准击锤打击面。

使用情况

瓦尔特 P88 手枪拥有 15 发大容量弹匣，但也有尺寸过大、重量过重、价格昂贵等缺陷，最终在 1996 年停产。而后的变种 P88 紧凑型，则很好地解决了以上问题。

德国瓦尔特 P99 手枪

P99 手枪是瓦尔特公司于 20 世纪 90 年代开始设计生产的一款半自动手枪，是 P5 手枪及 P88 手枪的后继产品。它目前在数十个国家服役，其中包括阿尔巴尼亚、加拿大、芬兰等。

性能解析

瓦尔特 P99 手枪采用枪管短行程后坐原理，使用特殊材料制作而成。该手枪的握柄采用聚合物制作而成，滑套为经过氮化的钢材制作。滑套表面的硬度极高，具有很强的抗磨损、抗金属疲劳和抗锈蚀性。它的瞄准器可进行风偏调整和上下瞄准调整，而且新推出的版本还可以加装战术手电和光束指示器。

基本参数	
口径	9 毫米
全长	180 毫米
枪管长	102 毫米
空枪重量	710 克
有效射程	50 米
枪口初速	406 米/秒
弹容量	10/16 发

总体设计

瓦尔特 P99 是一款自动装填手枪，套筒和套筒座分别由钢材和聚合材料制成。它采用无击锤设计以免挂破衣物，扳机有三种：纯双动(DAO)、快动(配以部分预装的主动击针)和反压(AS)。所有控制部件(套筒卡榫、弹匣扣和待击解脱按钮)都适合左右手使用。套筒上有枪弹上膛指示器，可通过观察和触摸感知。使用者可更换大小合适的后垫板。

使用情况

瓦尔特 P99 手枪被德国北莱茵－威斯特法伦州、莱茵兰－普法尔茨州的警方广泛采用，并被不来梅、汉堡和石勒苏益格－荷尔斯泰因州，以及波兰警方和芬兰军队特种部队和军事警察等部门指定为 PIST 2003 型用枪。

2012 年，瓦尔特 P99 取代芬兰警方、海关和边防警卫使用的左轮手枪。2013 年，该型枪取代荷兰警察所使用的瓦尔特 P5。

德国瓦尔特 PPQ 手枪

PPQ 手枪 (Polizei–Pistole Quick Defense 的简写，意为警用快速防御手枪) 是瓦尔特公司为德国执法部门所设计的一款半自动手枪，其部分设计借鉴于 P99 手枪，包括弹匣在内的部件可通用。

性能解析

PPQ 手枪设有三个保险装置，即扳机保险、内置式击针保险和快速保险功能。该手枪套筒、抛壳口上方的开口具有上膛指示器，如果膛室内装弹的话，使用者可以通过该开口看到。

另外，该手枪装有一根使用传统型阳膛和阴膛枪管，子弹通过这种枪管时非常稳定，不会“东倒西歪”。枪管下方的复进簧导杆尾部加装了一个蓝色聚合物帽，这样既能减少枪管与复进簧导杆尾部接触位置的摩擦损耗，也能防止使用者在维护手枪后，安装复进簧导杆时出现如倒装的装置问题。

基本参数	
口径	9 毫米
全长	180 毫米
枪管长	102 毫米
空枪重量	615 克
有效射程	50 米
枪口初速	408 米 / 秒
弹容量	10/15/17 发

总体设计

PPQ 手枪的套筒和其他金属部件采用了先进的特尼弗 (Tenifer) 氮化处理过程 (一种渗氮工艺，也在格洛克手枪上使用)。特尼弗表面处理的厚度为 0.04 毫米 (0.0015 英寸) 和 0.05 毫米 (0.002 英寸) 之间。这种处理的特点是具有极高的耐摩擦性和耐腐蚀性，它会渗入金属和表面处理部分，甚至在表面以下的一定深度并且变成类似的性质。Tenifer 氮化处理过程中会产生磨砂灰色、无眩光表面和 64 HRC 等级 (相比之下，一颗工业钻石的评级为 70 HRC)、99% 的抗海水腐蚀 (达到或超过不锈钢规格) 和 1200 ~ 1300 牛顿 / 平方毫米 (N/mm^2) 的抗拉强度。采用了这种处理使得瓦尔特 PPX 特别适合作为个人隐蔽携带的手枪，而高聚氯乙烯耐处理可以减少手枪受到汗水的影响。

德国 HK HK4 手枪

HK4 手枪是由德国黑克勒－科赫公司(Heckler & Koch，后文统称 HK 公司)设计生产的一款半自动手枪，属袖珍型，名称中的“4”表示该手枪可以使用四种不同口径的弹药，其中包括 5.59 毫米、6.35 毫米、7.65 毫米和 9 毫米。

性能解析

HK4 手枪除了 HK 公司生产之外，法国国营圣·艾蒂武器制造厂(MAS)也曾经生产过，并交付驻守西柏林的制服警察使用。这批由 MAS 所生产的 HK4 袖珍型手枪，约有 500 支被销售到美国，不过销往美国的款式只能发射 8.12 毫米和 9.65 毫米枪弹。

基本参数	
口径	9 毫米
全长	157 毫米
枪管长	85 毫米
空枪重量	520 克
有效射程	30 米
枪口初速	300 米 / 秒
弹容量	8 发

总体设计

HK4 手枪保险位于套筒后部左侧。向下为保险，向上为射击。退弹过程中，让保险装置处于保险状态，按动位于握把尾部的弹匣扣，卸下弹匣。后拉套筒退出枪膛中的枪弹。松开套筒，此时套筒仍处于敞开状态，可检查枪膛。扣动扳机，将松开套筒，并让击锤处于待击状态。再次扣动扳机，击锤将处于保险状态。

使用情况

除了 HK 本身以外，法国的 MAS 枪厂也曾经生产过 HK4 手枪的授权品，并交给驻守于西柏林的制服警察使用。因为在当时的条约中，柏林驻警禁止使用德国制的武器，所以使用此种绕了一圈的方式，来取得实际上也是德国授权的 HK4。

而这批由 MAS 所生产的 HK4，约有 500 支后来被销售到美国。不过销往美国的款式仅配有 .32 ACP 和 .38 ACP。

HK4 手枪完整套装

德国 HK P7 手枪

P7 手枪是 HK 公司设计生产的一款半自动手枪，是 20 世纪七八十年代德国特种部队 GSG-9(德国联邦警察第九国境守备队，Grenzschutzgruppe9 der Bundespolizei) 的主要单兵防卫武器之一。

基本参数	
口径	9 毫米
全长	166 毫米
枪管长	105 毫米
空枪重量	785 克
有效射程	50 米
枪口初速	351 米 / 秒
弹容量	8 发

性能解析

P7 手枪与大部分半自动手枪不同，它背离了传统手枪的结构设计，采用气体延迟式开闭锁机……击发后，部分火药燃气从枪管弹膛前方的小孔进入枪管下方的气室内。当套筒开始后坐时，作用在与套筒前端相连的活塞上的火药燃气给套筒一个向前的力。这样就延迟了套筒的后坐，从而减轻了后坐振动，使其工作更加平稳。这种独特的设计，不仅使该手枪设计风格独树一帜，而且其性能更是鹤立鸡群，不仅在德国警察、军队中服役相当长的时间，至今英国特别空勤团、美国三角洲特种部队、美国中情局等众多著名部队或机构仍在使用。

总体设计

P7 手枪射击前无须将枪置于射击状态。装备独特的握把保险，可将扳机与待击和发射机构咬合。射击时，只需手握握把并扣动扳机，手枪将待击并释放击针。当枪不慎掉落时，握把被松开，手枪即刻处于保险状态。该枪采用独特的气体活塞延迟系统，可在射击后减缓后膛的打开速度。

德国 HK P9S 手枪

P9S 手枪是由 HK 公司设计生产的一款半自动手枪，目前除德国本土的军警使用外，它还在数十个国家服役，其中包括阿根廷、日本和西班牙。

性能解析

P9S 手枪设计上使用的是滚轮延迟反冲式枪机，枪身大量零件由压铸钢板覆盖了聚合物制造，大量需要精密加工的内部零件也采用压铸钢板制造，例如，多边形膛线型设计的枪管。位置较高的固定瞄准具分别是两个红色的长方形的缺口式后照门和白色线条的可调节的刀片式前准星。

基本参数	
口径	9 毫米
全长	192 毫米
枪管长	102 毫米
空枪重量	880 克
有效射程	50 米
枪口初速	350 米 / 秒
弹容量	9 发

总体设计

HK P9S 的套筒和枪管通过枪机连接，枪机由较轻的机头和其上有两个滚柱组成。当枪机头推弹入膛室并停止复进后，其前端的闭锁斜面会把滚柱挤入闭锁凹槽内以使枪管与套筒闭锁。下枪身从前端到扳机护弓、握把前端的位置是采用高分子聚合物，可以说是历史上首支在握把片以外的枪身结构上采用塑胶材料的手枪。

使用情况

从 1965 年设计和 1969—1978 年期间进行生产，P9S 手枪只生产了 485 把，不是很成功。虽然黑克勒 – 科赫公司在 1978 年决定停止生产这种手枪，但仍然可以在特许生产的希腊版本中看见其身影，并且被称为 EP9S。

德国 HK USP 手枪

USP 手枪 (USP 为 Universal Self-loading Pistol 的缩写，意为通用自动装填手枪) 是 HK 公司设计生产的一款半自动手枪，由于性能优秀，被世界多个国家的军队和警察选为制式武器。

基本参数	
口径	9/10/11.43 毫米
全长	194 毫米
枪管长	106 毫米
空枪重量	748 克
有效射程	50 米
枪口初速	340 米 / 秒
弹容量	15/13/12 发

性能解析

USP 手枪由枪管、套筒座、套筒、弹匣和复进簧组件 5 个部分组成，共有 53 个零件。其滑套是以整块高碳钢加工而成，表面经过高温和氮气处理，具有很强的防锈和耐磨性。该手枪的枪身由聚合塑胶制成，为避免滑套与枪身重量分布不均，在枪身内衬了钢架降低重心，以增强射击稳定性。USP 手枪的撞针保险和击锤保险为模块式，且扳机组带有多种功能，能依射手的习惯进行选择。9 毫米型号的载弹量为 15 发，10 毫米和 11.43 毫米型分别为 13 发和 12 发，相较其他手枪有载弹量大的特点。该手枪的结构合理、动作可靠，经过双重复进簧装置抵消后坐力，其快速射击时的精度也大大提高，而且还可加装多种战术组件，大大增强了在特殊环境下的作战性能。

总体设计

USP手枪采用勃朗宁凸耳后膛闭锁系统，并采用由复进簧和缓冲器组成的后坐缓冲系统。套筒座由玻璃纤维塑料制成，手枪金属部件经过抗腐蚀表面处理。该枪最初发射0.40英寸史密斯－韦森手枪弹，后来的型号可发射0.45英寸ACP手枪弹或9×19毫米巴拉贝鲁姆手枪弹。所有型号都可选配如下装置：手动保险、待击解脱杆、自动待击、双动发射机构以及左右手控制装置。

德国 HK P2000 手枪

P2000 手枪是由 HK 公司设计生产的一款半自动手枪，主要用于执法机关、准军事和民用市场，可发射 3 种不同口径的枪弹，即 9 毫米、10.16 毫米和 9.5 毫米，其中 9 毫米口径使用最多。

基本参数	
口径	9/10.16/9.5 毫米
全长	173 毫米
枪管长	93 毫米
空枪重量	620 克
有效射程	50 米
枪口初速	355 米 / 秒
弹容量	10/12 发

性能解析

P2000 手枪采用模组化设计，以适应不同使用者的需要，这与 HK 公司其他手枪一样，套筒下方、扳机护圈前方的防尘盖整合了一条通用配件导轨，以安装各种战术灯、激光瞄准器和其他战术配件。安装好后的配件十分稳固，无须使用其他辅助工具。但 P2000 手枪使用的是 HK 公司手枪专有的配件导轨，所以限制了可以使用的战术配件种类。该手枪装有非常灵巧的套筒锁（空枪挂机杆）和弹匣卡榫，安装在扳机护圈附近的两侧，两手皆可让拇指舒服地操作，进而快速识别弹量和更换弹匣。

总体设计

P2000 是一把短后坐行程作用操作、闭膛待击半自动手枪，它使用了改良勃朗宁式无闭锁凸耳的枪机，而垂直倾斜枪管的设计也是来自 HK USP 系列自动装填手枪，以及最现代化的无闭锁凸耳半自动射击系统。以钢材、冷锻法和镀铬工艺制造出来的枪管具有多边形的轮廓，而套筒是由硝酸渗碳制成的钢材所制成，十分坚硬。P2000 也跟随着最新的现代手枪设计趋势，大量地采用耐高温、耐磨损的聚合物及钢材混合材料以减轻全枪重量和生产成本。

.40S&W
Heckler & Koch
P2000

德国 HK P30 手枪

P30 手枪（原称 P3000）是由 HK 公司设计生产的一款半自动手枪，是 P2000 的升级版，除了德国本土使用之外，还出口到挪威、葡萄牙、瑞士等国。

性能解析

基本参数	
口径	9 毫米
全长	181 毫米
枪管长	98 毫米
空枪重量	740 克
有效射程	50 米
枪口初速	360 米 / 秒
弹容量	15 发

相比 P2000 手枪来说，P30 手枪的人机功效有所提高，而且不仅能像 P2000 手枪一样更换握把背板，还可更换握把侧板。另外 P30 手枪在前方整合了皮卡汀尼附件导轨，而非 P2000 手枪上的 USP 附件导轨。P30 手枪有多个衍生版本，其中 P30L 手枪是 P30 手枪的延长的枪管和套筒版本，专为挪威警察设计。另外还有 P30S 手枪，它和 P30 手枪相近，但手动保险改为可灵巧地由拇指操作。

总体设计

和 P2000 一样，P30 是一把短后坐行程作用操作、闭膛待击半自动手枪，它使用了改良勃朗宁式无闭锁凸耳的枪机，而垂直倾斜枪管的设计也是来自 HK USP 系列自动装填手枪，以及最现代化的无闭锁凸耳半自动射击系统。P30 也是一把使用外置式击锤射击的手枪；也有一种可选的缩短型击锤。它装有非常灵巧的套筒锁（空枪挂机杆）和弹匣卡榫安装在扳机护圈附近的两侧，两手皆可让拇指舒服地操作，进而快速识别弹尽和更换弹匣。各个衍生型的扳机和扳机系统提供了转换扳机射击模式的可能性，即是由一种操作模式转换到另一种操作模式。

德国 HK HK45 手枪

HK45 手枪是由 HK 公司设计生产的一款半自动手枪，有紧凑型、战术型、紧凑战术型等多种型号，目前美国、澳大利亚等多国皆有使用。

性能解析

基本参数	
口径	11.43 毫米
全长	191 毫米
枪管长	115 毫米
空枪重量	784 克
有效射程	40~80 米
枪口初速	260 米 / 秒
弹容量	10 发

HK45 手枪基本上是 HK USP 手枪和 HK P2000 手枪的经验合并，并借用了一些 HK P30 手枪的改进要素，所以具有以上手枪的许多内部和外部特征。它最明显的外表变化是略向前倾斜的套筒前端，在扳机护圈前方有皮卡汀尼导轨，握把前方带有手指凹槽。HK45 有可更换的握把背板，以适应使用者手掌大小。

总体设计

HK45 标志着 HK USP 的技术发展和提升以及同一家公司内同一类型的武器都采用了相同的操作模式和规则。与 HK USP 一样，其扳机也有着 9/10 种修改版本（官方称之为衍生型），而且设计也比 USP 更好。

HK45 是一把全尺寸型号手枪，相比起以前黑克勒 – 科赫设计的经典手枪，其结构上并没有进行重大创新。但黑克勒 – 科赫经过重大的努力，包括吸收了

一部分在 HK P2000 和 HK P30 上都有使用和发现的特色；加上大量使用了新型材料和新技术加工工艺，加上良好的人机工效设计，从而使得该枪的操作十分方便快捷，并且具有优良的功能扩展性。唯一最明显的外表变化就是略向前倾斜的套筒和底把前端，使得 HK45 的人机工效比起全尺寸型号 HK USP 的 .45 口径型更出色。同时其外形一改以往德式武器的棱角分明的冷峻风格，所有边角均被处理为弧形，整个外部轮廓呈现出优美的流线型。

人体工学的改进手法包括延长套筒锁（空枪挂机杆）使得两手皆可让拇指非常舒服、灵巧地操作、更具十分明显人体工学结构的手指凹槽的握把，以及握把使用了模块化的可更换式后方握把片令使用者可以根据其手掌大小而调节握把的形状和尺寸，更适合不同的手形。新型握把和后方握把片可以令手枪放在手掌更低的位置，从而更轻易地控制武器以及 .45 口径的严重后坐力和枪口上扬问题。为了适应更小、更符合人体工学的握把，HK45 使用的是容量 10 发的专用可拆卸式双排弹匣而非 USP45 的 12 发弹匣。

德国 HK VP70 手枪

VP70 手枪是 HK 公司设计生产的一款新颖的、结构特殊的半自动手枪。当单手射击时，可作为手枪使用；当将枪套作为枪托使用时，可作为冲锋枪使用，并可进行 3 发点射。

性能解析

VP70 手枪靠套筒惯性和复进簧力来控制套筒的后坐运动。该手枪的一个重要特点是双动结构，因此枪上没有保险装置；另一个特点是大量采用塑料件和铝制件，如套筒座为塑料件。

VP70 手枪的改进版 VP70M 式手枪为军用型；VP70Z 式手枪为民用型(只能进行半自动射击)。此外，它的另一种改进版 VP71 式手枪，这种改进版取消了 3 发点射机构。

基本参数	
口径	9 毫米
全长	204 毫米
枪管长	116 毫米
空枪重量	820 克
有效射程	50 米
枪口初速	360 米 / 秒
弹容量	18 发

总体设计

VP70 系列采用反冲式枪机设计。除了使用聚合物料制造外，最独特的是 VP70M 的一体式枪套连枪托，手枪独立使用时只可单发半自动射击，装上塑聚合物枪托(枪套)后可进行 3 发点射，理论射速达到每分钟 2200 发，而射击模式选择钮装在枪托上。VP70 为纯双动式扳机设计，以避免新手使用时发生走火的意外，因此扳机扣力较重。然而，因其扳机扣动较为吃力，而且扣动距离过长，使得射手有点儿难以进行准确瞄准。

使用情况

VP70 系列在 1973 年推出，在 1989 年停产，9×21 毫米 IMI 口径版本 VP70Z 约制造了 400 把，可装上枪托但不能 3 发点射，主要在意大利民用市场发售，而 9×19 毫米口径版本主要提供给军队及警队。

德国 HK Mk 23 Mod 0 手枪

Mk 23 Mod 0 手枪是由 HK 设计生产的一款半自动手枪，目前装备于“海豹”突击队、“绿色贝雷帽”等特种部队。

性能解析

Mk 23 Mod 0 手枪使用一条特制的六边形设计枪管，目的在于提高准确性和耐用性。它还有一个设于枪身的两边的手动保险和弹匣卡榫，使得双手皆能轻松操作。尽管 Mk 23 Mod 0 手枪早已配发到特种部队中，但作战人员对这种“进攻型”手枪并不太感兴趣。这主要是因为它的尺寸偏大，单手射击不太方便。

基本参数	
口径	11.43 毫米
全长	245 毫米
枪管长	149 毫米
空枪重量	1210 克
有效射程	50 米
枪口初速	260 米 / 秒
弹容量	12 发

另外，整个 Mk 23 Mod 0 手枪系统太贵，不可能装备到每一位战斗人员，因此很多特种部队也采用了其他型号的手枪。不过 Mk 23 Mod 0 手枪有一点当仁不让的特性，就是良好的射击精准度。Mk 23 Mod 0 手枪被确定为一把比赛级军用手枪，在最初的美国市场之中，只准出售 10 发弹匣，以符合美国在 1994 年颁布的暴力犯罪控制和禁止攻击武器条款。由于该条款已于 2004 年 9 月过期，因此 Mk 23 Mod 0 手枪可以使用美国特种部队司令部使用的 12 发弹匣。

总体设计

Mk 23 Mod 0 能在恶劣的环境中有着特别高的耐久性、防水性和耐腐蚀性。手动保险的位置是在大型待击解脱杆的后部，而弹匣释放按钮的位置是在扳机护圈的后部，并且两者都特意设计得很大，以便双手的大拇指能够直接操作和戴上手套射击时轻松上弹。设于左侧的大型待击解脱杆是在手动保险的前部，能降低外置式击锤以锁上全枪。复进簧之中也装上了一个申请了专利的后坐力缓冲部件以降低射击时的后坐力，从而提高精确度。Mk 23 Mod 0 是一个大规模的武器系统的一部分，包括一个可加装的消声器、LAM，和其他一些附加功能，包括发射特殊的高膛压比赛等级弹药。

德国毛瑟 HSC 手枪

HSC 手枪是由德国毛瑟(Mauser)公司设计生产的一款半自动手枪，属袖珍型手枪，是 20 世纪 30 年代德国军警的主要手枪之一，并参与了其后的二战。

性能解析

基本参数	
口径	7.65 毫米
全长	165 毫米
枪管长	86 毫米
空枪重量	596 克
有效射程	40 米
枪口初速	290 米/秒
弹容量	8 发

与早期复杂而精致的军用武器不同，HSC 手枪内部零件尽可能采用了冲压加工件，而且采纳了琴用钢丝弹簧代替了较昂贵的机械加工弹簧，使其成为一支简洁而粗犷的手枪，适合大批量生产。HSC 手枪流线型的外观使其具有强大的视觉冲击感，使用 7.65 毫米口径弹药，威力较大，因此受到高度评价。不过该手枪在市场竞争中败给了瓦尔特双动系列手枪。于是，毛瑟公司开始改进 HSC 手枪。改进后的 HSC 手枪于 1940 年开始生产。二战期间，德国军队和警方曾大量装备这种手枪。尽管精加工受当时条件的限制，但它仍不失为一种设计合理、操作良好的手枪。

总体设计

HSC 手枪外形十分独特，可以说是当年少有的“漂亮”手枪之一。对比勃朗宁系列的各款手枪，其外形平增了三角形带来的“完整感”和“稳定感”。

HSC 手枪采用击锤回转击发，自动方式为自由枪机式，双动扳机设计。毛瑟 HSC 手枪的套筒造型非常别致，套筒前方下部带有一个斜面，与下方套筒座很好地结合在一起。套筒左侧刻有毛瑟商标与 Mauser–Werke A.G.Oberndorda N Mod Hsc Kal 7.65 毫米铭文。套筒右侧的抛壳窗后露出一个很短的抽壳钩。套筒顶部带有一条很长的防反光纹，点状准星与凹型缺口照门分别在套筒两端。套筒后部左右两侧各带有 20 条纵向防滑纹。左侧防滑纹中间设有手动保险，该手动保险是一款针对击针的保险。保险向上，露出下面的红色圆心是解除保险状态，射手可以随时进行射击；保险向下扳动，挡住红色圆心，露出上方的 S 字样，说明处在保险位置，这时击针被保险卡住，确保手枪内的枪弹无法击发。

使用情况

首批 1345 把 HSC 手枪在完成生产后交付德国海军使用。随后这款手枪的握把固定螺丝被向上移动，改到握把中部继续生产。很快国防军也开始订购并装备该枪，国防军订购版本在扳机护圈后部刻有纳粹鹰与“655”“135”和“WaA135”。第三帝国的警察部门也注意到这款新型手枪，随后大量订购，警察版本的扳机护圈后部刻有纳粹鹰与 L 或 F 字样。

最后商贸版本上市，起初被卖到美国和英国，不过很快就只能在德国和其他轴心国售卖了。商贸版本在右侧扳机护圈后部刻有一只纳粹鹰和 N 字样。当美军占领毛瑟工厂后，这款手枪才停止生产。此时毛瑟 HSC 半自动手枪的产量已经达到 251939 把。

德国博查特 C-93 手枪

博查特 C-93 手枪是德国枪械设计师雨果·博查特于 1893 年设计的一款半自动手枪。虽然它在当时没有引起重视，但开创了半自动手枪设计的新纪元。

性能解析

基本参数	
口径	7.65 毫米
全长	279 毫米
枪管长	165 毫米
空枪重量	1160 克
有效射程	50 米
弹容量	8 发

博查特 C-93 手枪的独特之处是运用了肘节式起落闭锁的机制，当子弹被击发时枪机会像毛虫走路般曲起，以完成推弹入膛和抛壳的过程。它发射的枪弹是与其一同研制的 7.65×25 毫米博查特弹，供弹具为 8 发容量弹匣。

尽管此枪设计独特、火力强大、射击精准度高、射击速度快，但因其昂贵的生产成本及过于笨重的缘故而没有普及起来。然而，它的诞生启发了后来一些枪械的设计思想，包括著名的鲁格 P08 手枪和毛瑟 C96 手枪。

比利时 FN 57 手枪

FN 57 手枪是由比利时赫尔斯塔尔国有工厂 (Fabrique Nationaled'Armes de Guerre，一般称为 Fabrique Nationale，FN) 设计生产的一款半自动手枪，目前在数十个军警队伍中服役，其中包括意大利、墨西哥等。

性能解析

基本参数	
口径	5.7 毫米
全长	206 毫米
枪管长	122 毫米
空枪重量	617 克
有效射程	50 米
枪口初速	650 米 / 秒
弹容量	10/20/30 发

FN 57 手枪采用枪机延迟式后坐、非刚性闭锁、回转式击锤击发等设计。该手枪首次在手枪套筒上成功采用钢 – 塑料复合结构，支架用钢板冲压成形，击针室用机械加工，用固定销固定在支架上，外面覆上高强度工程塑料，然后表面再经过磷化处理。

SS190 弹由于弹壳直径小、重量轻，因此 20 发实弹匣的重量也只相当于 9 毫米手枪 10 发弹匣的重量。虽然长度比较大，但 FN 57 手枪的握把比其他发射 9 毫米子弹的自动手枪要容易握持。由于枪管较短，FN 57 手枪发射的 SS190 弹的初速比 FN P90 冲锋枪发射时要低，但仍高达 650 米 / 秒，有极好的穿透力，在有效射程内能击穿标准的防弹衣。

FN 公司还针对美国市场把 FN 57 手枪分成两种型号——IOM 型和 USG 型。IOM 型 (Individual Officer Model，官员个人型) 是针对执法机构或军事人员使用。USG 型 (United States Government，美国政府型) 则是供美国的执法部门或平民使用。两种型号在外观上几乎没有区别，主要识别特征是 IOM 型握把侧板上为粒状花纹，USG 型为格子状花纹；IOM 型扳机护圈保持原来的双弧形状，USG 型扳机护圈底部为平直设计；IOM 型弹匣扣很小，而 USG 型较大。另外两种手枪的照门缺口形状也稍有不同。

比利时 FN M1900 手枪

M1900 手枪是 FN 公司设计生产的一款半自动手枪，是历史上第一款有套筒设计的手枪。

基本参数	
口径	7.65 毫米
全长	172 毫米
枪管长	102 毫米
空枪重量	625 克
有效射程	50 米
枪口初速	290 米 / 秒
弹容量	8 发

性能解析

从外形上看，M1900 最大的特点是外形扁薄平整、坚实紧凑、简洁明快、大小适中。在结构性能方面，FN M1900 结构简单、动作可靠、保险切实，特别是在战斗使用便捷性与安全可靠性方面的考虑甚为周到。M1900 在结构布局上采用了复进簧上置而枪管下置。这种布局的最大优点是，使枪管轴线降低到与射手的持枪手虎口同高，射击时，后坐力几乎均匀地作用在持枪手虎口上。该手枪的枪机质量相对较大，与套筒的共同作用基本消除了射击时枪口上跳，使基础精准度进一步加大。

M1900 的枪机上方有带 V 形缺口和纵向照准槽的照门座。其下方有与套筒复进簧槽相配合的导棱，并有两个直径为 6 毫米的套筒驻螺孔。拨杆是一个具有击锤、弹膛有弹指示以及复进机连杆三重作用的杠杆。

M1900 的手动保险也设在套筒座左侧靠后的地方，当右手握枪时，拇指可以非常方便而平滑地拨动保险。当保险处于下方位置时，其上方露出 FEU 字样，表示解除保险，此时可以拉动套筒，推弹上膛并扣动扳机发射；当保险被拨向上方位置时，其下方露出 SUF 字样，表示手枪处于保险状态，此时不能拉动套筒也扣不动扳机。

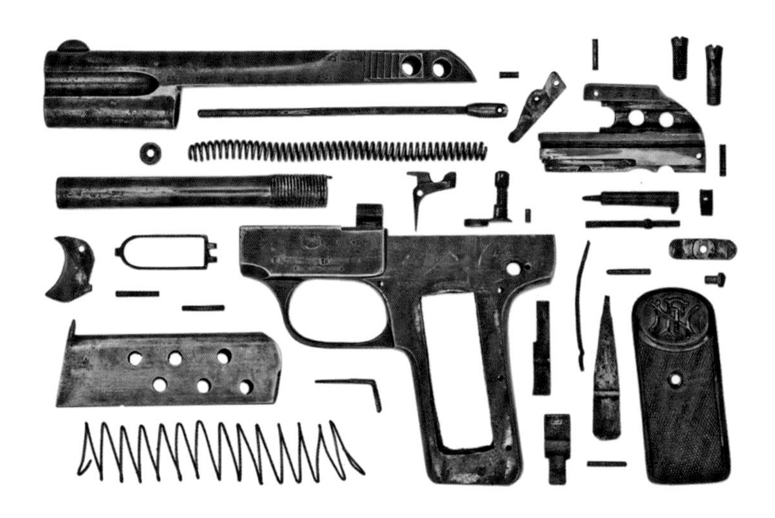

比利时 FN M1903 手枪

M1903 是由勃朗宁设计、FN 公司生产的一款半自动手枪，其特点是除设置手动保险、不到位保险外，还增加了握把保险和无弹匣保险。

性能解析

基本参数	
口径	7.65/9 毫米
全长	205 毫米
枪管长	127 毫米
空枪重量	930 克
有效射程	50 米
枪口初速	318 米 / 秒
弹容量	8 发

M1903 手枪保持了勃朗宁一贯的创新、简单、实用的传统设计思想和结构特点，全枪只有 37 个零件，在总体结构布局上，它采用了复进簧下置方案。早期生产的 M1903 手枪只有 7.65 毫米口径一种，1908 年以后，开始生产 9 毫米口径型号。两种型号除了口径不同外，主要不同点在于，前者的套筒与枪口套是分开的两个零件，后者则为一个整件。

M1903 最典型的结构创新是采用了内置式击锤的发射机构，这种机构有两个优点：第一，它是通过击发阻铁解脱击锤来击打击针，比平移式击针击发机构要可靠得多，因为击锤通过击锤簧获得的击发能量，要比击针靠击针簧张力进行平移运动击发的能量更大、更稳定；第二，内置式击锤的结构布局，满足了当时人们对小型自卫手枪外部总体造型布局的需要。M1903 具备可靠性和外观协调性，“鱼与熊掌兼得”，因此受到青睐在情理之中。

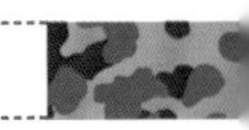

总体设计

M1903 手枪由 M1900 型改进而成，采用后坐作用原理、单动扳机，复进弹簧在枪管底部，手动保险制位于机匣左面，打开保险时会强制锁死滑架，军用版本的握把底部更附有枪带环。保险位于套筒座后部左侧：向上为射击，向下为保险。握把保险位于握把后端，必须用力按压它才能射击。设有弹匣保险装置。弹匣扣位于握把底端。

使用情况

因为 M1903 手枪设计和制造都很简单，所以 1905 年西班牙开始大量仿制，尤其是 1905—1935 年间，西班牙生产的大量不同口径的廉价自动手枪都是其仿制品。M1903 是约翰・勃朗宁在 1902 年设计的，并在 1903 年由比利时 FN 公司及美国的柯尔特公司正式生产。由于勃朗宁 M1903 手枪以当时而言的高可靠性、高准确度、重量轻及装填迅速，在推出后便成为当时世界上最广泛的半自动手枪，为巴拉圭、瑞典（合法生产，名为 Husqvarna m/1907）、土耳其（仿制型）、爱沙尼亚、甚至是俄罗斯军队或警队的制式手枪，而比利时及荷兰只装备其警队。勃朗宁 M1903 手枪的设计亦影响其后推出的手枪，包括 M1911、TT-30/33、马卡洛夫手枪 (Makarov，又名 PM) 等。后来，美国把一批进口的 FN M1903 改为更常见的 .380 ACP 口径。由于它坚固的金属部件，其可靠性与 100 年后制造的 .380 口径手枪相当甚至更高。

比利时 FN M1906 手枪

M1906 手枪是由勃朗宁设计、FN 公司生产的第一种袖珍型手枪，其成功的设计使之成为后来大多数袖珍型手枪的“典范”和“模板”。

性能解析

基本参数	
口径	6.35 毫米
全长	114 毫米
枪管长	53.5 毫米
空枪重量	350 克
有效射程	30 米
枪口初速	210 米 / 秒
弹容量	6 发

M1906 结构简单，只有 33 个零件，可迅速分解为套筒、枪管、复进簧及其导杆、击针和击针簧组件、套筒座、弹匣、连接销 7 个部分。M1906 延续并改进了在 M1903 上应用的一种新型结构，即在枪管下方设计了 3 个肋状闭锁凸笋，从而有效地与套筒座相扣合，使得分解非常容易。

该手枪全枪外形比较平滑，没有凸出的棱角。固定式缺口和准星全部隐藏在套筒顶端长槽内。扳机也采用平板状，不会因钩住衣袋衬里而影响出枪速度。该手枪在设计上还非常重视安全性，设有三重保险，在膛内有弹的情况下携行

也十分安全。一是弹匣保险，未装弹匣时可锁住扳机，不能击发；二是在套筒座左侧后部有手动保险，将其拨入套筒后方缺口内即为保险状态；三是设有握把保险，只有在正确握持并挤压到位后，扣动扳机才能释放击针。

总体设计

M1906 手枪尺寸较小，全枪长仅 114 毫米 (4.5 英寸)，比成年男性的手掌要短得多，即使握在手中也不引人注目。枪身宽约 25 毫米，体积只比一包香烟略大，紧急情况下在衣袋内即可直接射击。该枪质量较轻，空枪质量为 350 克，带一个实弹匣质量仅为 400 克，因此还颇受上流社会淑女的青睐。

M1906 采用自由枪机式自动方式，惯性闭锁机构，结构简单，只有 33 个零件，可迅速不完全分解为套筒、枪管、复进簧及其导杆、击针和击针簧组件、套筒座、弹匣、连接销等 7 个部分。它延续并改进了在 M1903 上应用的一种新型结构，即在枪管下方设计了 3 个肋状闭锁凸笋，从而有效地与套筒座相扣合，使得分解非常容易——将套筒向后拉到位，使手动保险卡入套筒左侧前部缺口，然后将枪管向抛壳窗方向旋转 90° ，使凸笋释放，左手握住套筒并拨下保险，将套筒向前取下，再将枪管转回原位，使其尾部向下脱离抱弹槽，即可向后抽出枪管。此外，击针兼有抛壳挺的作用，击发后，套筒后坐到一定位置时，击针先停止运动，并与抽壳钩配合，将弹壳向右后方抛出。

比利时 FN M1910 手枪

M1910 手枪是由勃朗宁设计、FN 公司生产的一款半自动手枪，属袖珍型手枪，是作为比利时警察和军官自卫用枪之一。

性能解析

该手枪后坐力很小，击锤不凸出，便于隐藏在衣袋内。复进簧中置布局的新颖设计，为这一小型自卫手枪奠定了“苗条”的骨架，其套筒口部的横截面也从传统的 8 字形变为 O 字形，并且还在枪口套的前缘上加工了一圈滚花，这样一来，不仅在旋转枪口套时手不至于打滑，而且还增添了枪的美观性。

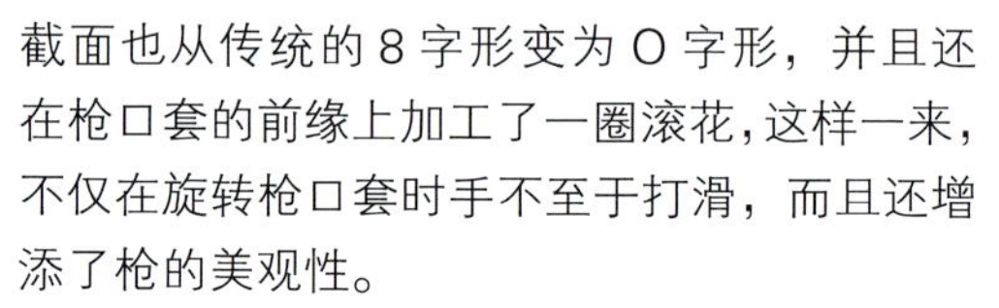

基本参数	
口径	9 毫米
全长	152 毫米
枪管长	89 毫米
空枪重量	580 克
有效射程	50 米
枪口初速	295 米 / 秒
弹容量	7 发

M1910 充分地继承了“勃氏血统”的精华，在瞄准装置的设计上，直接在套筒顶部开了一道前后贯通的纵向凹槽。这一凹槽实际上是把照门的缺口拉长为照准槽，起到了引导射手构成瞄准线的作用，对提高手枪快速瞄准的指向性极为有利。此外，由于没有凸出的准星和照门，避免了从枪套中拔枪时可能发生的钩刮，将枪直接从衣、裤兜中快速拔出极为便利。由于枪口套上的这一圈漂亮的“滚花”，使得 M1910 手枪在外观上有了一个非常鲜明而典型的特征。在中国，这款手枪被称为“花撸子”。当时的“一枪、二马、三花”就是指的“枪牌撸子”“马牌撸子”和“花撸子”。

总体设计

M1910 手枪的复进簧缠绕枪管而不是位于枪管下方，从而使套筒呈独特的管状。在 1922 年，该枪采用更长的枪管，同时加长了套筒，其他部件保持不变。保险位于套筒座后部左侧：向上为保险，向下为射击。握把保险位于握把后部，必须用力按压它才能射击。M1910 设有弹匣保险装置，取出弹匣后便不能射击。弹匣则扣于握把底部。

比利时 FN M1935 手枪

M1935 手枪是由美国枪械发明家约翰・勃朗宁设计、FN 公司改进并生产的半自动手枪。虽然它是 20 世纪的产物，但因其精度良好、容弹量较大，至今仍在现代手枪结构设计中占有重要地位。

基本参数	
口径	9 毫米
全长	197 毫米
枪管长	118 毫米
空枪重量	1000 克
有效射程	50 米
枪口初速	335 米 / 秒
弹容量	10/13 发

性能解析

M1935 手枪使用的是单动操作式设计，并且装上了手动保险机构。与现代的双动操作半自动手枪不同的是，M1935 手枪的扳机与击锤并没有联动关系，因此不能实现扣扳机待击。二战爆发后，M1935 手枪同时被盟军和轴心国双方部队作为辅助武器所采用。二战结束后，FN 公司继续生产 M1935 手枪，并被 90 多个国家所采用作为制式手枪，使其在战后更为流行。

比利时 FN BDA 手枪

BDA 手枪(BDA 为 Browning Double Action 的缩写，意为勃朗宁双动操作型)是 FN 公司以 M1935 手枪为原型设计的一款新型半自动手枪，曾被多个国家的军警所装备，也受到许多枪械收藏家的喜爱。

性能解析

相比 FN 公司的 M1935 手枪而言，BDA 手枪的主要改进之处包括：增加击针自动保险机构；击发机构由单动改为单动 / 双动；容弹量由 13 发增至 14 发；弹匣卡榫由一侧操作改为可双侧操作，便于左撇子射手使用；套筒座后端的手动保险改为击锤待击解脱杆；另外，套筒前端的外形及扳机护圈形状也进行了适当的改进。

基本参数	
口径	9 毫米
全长	200 毫米
枪管长	118 毫米
空枪重量	920 克
有效射程	50 米
枪口初速	350 米 / 秒
弹容量	14 发

总体设计

该枪具有外形美观大方，结构紧凑，威力大，容弹量多，寿命长，故障率低，使用安全可靠等特点。BDA 手枪采用比利时惯用的枪管短后坐式工作原理，枪管摆动式开闭锁方式。它可以双动也可单动射击。待击解脱杆左右手均可使用。击针自动保险只有在扳机扣到位后才解脱。该枪族的特点是两侧都装有手动保险机柄和弹匣卡榫，便于左撇子射手使用。扳机护圈前部成凹形，便于双手持枪射击。

比利时 FN FNP 手枪

FNP 手枪是 FN 公司设计生产的一系列半自动手枪，主要有 FNP-9(9 毫米口径)、FNP-40(10 毫米口径)和 FNP-45(11.43 毫米口径)型号。为便于说明起见，这里以 FNP-9(9 毫米口径)为例。

性能解析

基本参数	
口径	9/10/11.43 毫米
全长	187.96 毫米
枪管长	101.6 毫米
空枪重量	700 克
有效射程	50 米
枪口初速	350 米 / 秒
有效射程	50 米
弹容量	10/16 发

FNP 系列手枪使用击锤发射、利用勃朗宁凸轮系统与外部退壳钩协助射击的武器系统。将扳机护圈后部的弹匣释放按钮装在一个可被移除的固定销子上，令弹匣释放按钮可以反过来装在底把右侧。底部的底把是由高强度聚合物制造，而套筒则是由不锈钢制造。加大的弹匣插槽使 FNP 系列手枪十分容易完成重新装填。

FNP 系列手枪的分解和重新组装比较简单。拆卸时，首先把套筒在枪的后方锁紧，接着把其弹匣释放下来。将底把前方的分解杆顺时针向下旋转，并且将套筒轻轻地向前推动，使套筒向前移出底把导轨以后将其释放。套筒从底把拆下来以后，要把枪管底部的复进簧拆下后才能将枪管移除。而重新组装武器的过程则是相反，先要装上枪管再装上复进簧，接着将套筒装上底把导轨，并且将底把前方的分解杆逆时针向上旋转，直到套筒在枪的后方锁紧。

FNP 手枪是市场上唯一的全聚合物制造底把的自动装填手枪(在 FNP 初次发售时)，具有协助完全更换底把的导轨。这样就算手枪因为多次射击而零件耗损过后仍能重组，从而延长全枪的寿命。

FNP-45 手枪

比利时 FN FNX 手枪

FNX 手枪是 FN 公司旗下、位于南卡罗来纳州哥伦比亚的美国分公司设计和生产的系列半自动手枪，主要有 FNX-9(9 毫米口径)、FNX-40(10 毫米口径) 等型号。为便于说明起见，这里以 FNX-9(9 毫米口径) 为例。

性能解析

基本参数	
口径	9/10 毫米
全长	187.96 毫米
枪管长	101.6 毫米
空枪重量	620.85 克
有效射程	50 米
弹容量	17 发

FNX 系列手枪具有双手灵巧操作的大型保险 / 待击解脱杆、弹匣释放按钮和套筒锁 (套筒释放装置、空枪挂机杆)，套筒前后用于向后拉动的锯齿形防滑纹，并设有一条整合在套筒下方、扳机护圈前方，用于安装各种战术灯、激光瞄准器和其他战术配件的 MIL-STD-1913 综合战术配件导轨、固定三点式大型战斗机械瞄具和套筒右侧的上膛显示杆。

FNX 系列手枪与许多市场上的其他中央式底火手枪一样，都是使用枪管短行程后坐作用的手枪系统。它最主要的不同之处在于枪管后退和开锁，以及开锁以后的枪管和套筒行程的距离。以分离前计算，FNX 的枪管和套筒行程的距离是其他半自动手枪的 2 倍。这将有助于减少从手枪感受到的后坐力。

FNX－45 手枪

瑞士 SIG Sauer P210 手枪

P210 手枪是瑞士西格 – 绍尔 (SIG Sauer，后文统称 SIG 公司) 设计生产的一款半自动手枪，于 1949 年推出，后来便成为瑞士陆军的制式手枪。

性能解析

P210 手枪的机匣装有可强制封锁扳机的手动保险及弹匣退出时自动扳机的自动保险系统。该手枪的生产有着严格的品质监控，因此其可靠性、射击精准度、耐用性都比一般手枪高。P210 手枪虽然有着不少优点，但早期版本没有握把式弹匣释放钮，不及其他手枪操作方便。且由于手工装配及高质量部件令价格比其他手枪高，因此当时没有被更多国家采用。

基本参数	
口径	9 毫米
全长	215 毫米
枪管长	120 毫米
空枪重量	900 克
有效射程	50 米
枪口初速	335 米 / 秒
弹容量	8 发

总体设计

P210 独特之处是它的主要钢制部件由人手车削，其套筒及骨架配套制成，采用高质量的 120 毫米枪管。SIG P210 的可靠性、准确度、耐用性都比一般手枪为高，在 50 米射靶时可打出在 5 至 10 发保持 5 厘米内的成绩。

P210 弹匣扣位于握把底部。卸下弹匣，后拉套筒退出枪膛中的枪弹，通过抛壳口检查枪膛，松开套筒，扣动扳机。

瑞士 SIG Sauer P220 手枪

P220 手枪是 SIG 公司设计生产的一款半自动手枪，其主要特点是价格低廉。因此，曾被至少 20 个国家的军事单位和执法机关采用，其中包括奥地利、加拿大、丹麦等。

基本参数	
口径	9 毫米
全长	196 毫米
枪管长	120 毫米
空枪重量	800 克
有效射程	50 米
枪口初速	350 米 / 秒
弹容量	9 发

性能解析

P220 手枪可以发射不同口径的子弹，前提是必须根据子弹型号相应地更换套筒和枪管。后来 SIG 公司以 P220 手枪为基础开发出 P225、P226、P229 等一系列不同类型的手枪，凭着其射击性能优良、操作安全可靠的优点，使整个 P 系列在军用、警用和民间市场都很受欢迎。瑞士、丹麦、日本皆曾采用 P220 作为军队制式手枪，第三者还被授权生产 P220，命名为美蓓亚 P9。其他一些国家的军警用户也曾装备过 P220，但大多已被其他大容量弹匣手枪所取代。

总体设计

P220 待击解脱杆位于握把左侧，连接销位于扳机后方。向下按压，则解脱击锤并使其处于安全凹槽中。自动击针保险装置使击针始终处于锁定状态，只有扣动扳机的最后时刻才会解锁。握把左侧上方的卡钮为套筒锁，用于拆卸手枪，而不是保险装置。弹匣扣位于握把底部。卸下弹匣，后拉套筒退出枪膛中的枪弹，通过抛壳口检查枪膛，松开套筒，扣动扳机。

瑞士 SIG Sauer P226 手枪

P226 手枪是 SIG 公司设计生产的一款半自动手枪，目前在世界多个国家的军事单位和执法机关服役，其中包括阿尔巴尼亚的反恐特种部队、加拿大皇家海军、比利时警察部队等。

性能解析

P226 手枪早期的设计其实只是把 P220 手枪改为双排弹匣供弹。另一个改进就是两侧都可以使用的弹匣卡榫。P226 手枪可以不改变握枪的手势就能直接用拇指操作弹匣解脱扣。如果是左撇子，这个弹匣卡榫也可以反过来安装使用。除此之外，P226 手枪还有第三个不同于 P220 手枪的设计，即开锁引导面比 P220 手枪上的稍长。这使得 P226 手枪开锁时枪管偏移的时间会比 P220 手枪稍迟一点，因此 P226 手枪的射击精度更高。

基本参数	
口径	9 毫米
全长	195.58 毫米
枪管长	111.76 毫米
空枪重量	964 克
有效射程	50 米
枪口初速	350 米 / 秒
弹容量	10/20 发

P226 手枪其性能的突出表现受到了特种作战单位和执法机构的青睐。不仅许多特种部队喜欢使用这种优异的辅助武器，而且美国 FBI、财政与犯罪研究局、能源部等机构，以及多个州或地区警察局的普通警员或特警队都有采用。

总体设计

P226 与 SIG 经典手枪系列的其他成员一样，采用了由约翰·勃朗宁首创的后膛闭锁枪管短行程后坐作用模式以使全枪运作。在射击时，套筒和枪管锁在一起并且向后移动几毫米，枪管会向后移直到后方的铰链时使后膛向下倾斜。这个时候，子弹已经离开枪管，而压力亦已经下降到安全水平。在这种情况下，套筒已完成向后行程，并以抛弹口退出弹壳。然后复进簧（又称：反冲弹簧）会向前推动套筒，从弹匣上取出最顶部的一发并让枪管后膛向上回复水平同时向前运动几毫米，再将套筒和枪管一起闭锁。

SIG SAUER P226
STAINLESS
SIGARMS INC.
EXETER-NH-USA
P226

瑞士 SIG Sauer P228 手枪

P228 手枪是 SIG 以 P226 手枪为基础设计的一款半自动手枪，是成为美军制式手枪的第一种 SIG 产品。

基本参数	
口径	9 毫米
全长	180 毫米
枪管长	99 毫米
空枪重量	825 克
有效射程	50 米
枪口初速	340 米 / 秒
弹容量	10/20 发

性能解析

相比 P226 手枪而言，P228 手枪的设计更符合人体工程学。握把形状的设计无论对手掌大小的射手来说都很舒服，而且指向性极好。双动扳机也很舒适，即使是手掌较小的射手也能很舒适地操作，而单动射击时感觉更佳。

使用情况

由于性能优异，P228 手枪被美国陆军选作袖珍型手枪，并定名为 M11，配发给宪兵、飞行机组人员、装甲车组人员、情报人员、将官等使用。同时该枪在葡萄牙武装部队，印尼海军，法国宪兵干预组，孟加拉国海军、陆军、特别安全部队等均有装备。

瑞士 SIG Sauer P229 手枪

P229 手枪是 SIG 公司设计生产的一款半自动手枪，有多种衍生型号，如 P229 导轨型、P229 战术绯红跟踪型和 P229 精英型等，原型枪和各种衍生型号在数十个国家中服役。其中包括加拿大、土耳其、瑞典等。

性能解析

P229 手枪有两个非常突出的优点：第一，结构紧凑，解脱杆安装在套筒座上，精巧的布局使其操作简单；第二，射击精准度高，它在当时与其他以射击精准度著称的手枪不相上下。P229 手枪在保险装置设计上与左轮手枪有些相似，其扳机有前、后两个位置，在安全状态下，使用者可通过放重锤按钮使滑膛后的重锤放下，同时带动扳机前移。另外，枪身内部的保险杆深入撞针槽，挡住撞针前后移动，使其不能与上膛子弹底火发生接触，即使枪掉在地上也不容易发生走火。从客户反馈来看，P229 手枪的性能稳定，其被当作 SIG 公司经典枪型 P226 手枪的便携版。因其不锈钢筒套比枪身重，射击时吸收了一部分后坐力，所以连发时射击精准度较高。P229 手枪具有很高的可靠性，美国安全部门选枪时曾对各种手枪做过 10 万发正规测试，唯有 P229 无一发卡壳。

基本参数	
口径	9/10/5.59 毫米
全长	180.34 毫米
枪管长	99.06 毫米
空枪重量	907.18 克
有效射程	50 米
枪口初速	340 米 / 秒
弹容量	15 发

使用情况

P229 手枪同时在德国埃肯弗特的西格 & 绍尔公司和美国新罕布什尔州埃克塞特城的 Swiss Arms 公司（前称 SIGARMS 公司）两地生产。P229 在美国及欧洲一些国家的执法部门和军队中被广泛使用，诸如美国海岸警卫队、国土安全部、外交安全局和一些州的警察局，英国军队、国防部，瑞典警察等。

瑞士 SIG Sauer P230 手枪

P230 手枪是 SIG 公司设计生产的一款半自动手枪，属于袖珍型手枪，与 P220 手枪、P226 手枪、P228 手枪等在结构和性能上大不相同，所以并不是同一系列的产品，其主要供警察使用。

基本参数	
口径	9 毫米
全长	168 毫米
枪管长	92 毫米
空枪重量	460 克
有效射程	50 米
枪口初速	275 米 / 秒
弹容量	7 发

性能解析

P230 手枪主要用作警用手枪及自卫手枪，其采用自由枪机式自动原理，设有击锤保险和击针保险。为减轻全枪质量，其套筒座采用轻合金制成；为确保体积小巧，便于隐蔽携带，其弹匣采用单排式设计；同时为便于快速拔枪使用，其枪身没有突出于表面的零件，且边缘多采用圆弧设计。

总体设计

P230 手枪无手动保险。待击解脱杆位于套筒座左侧，可让待击击锤安全释放。自动击针保险装置使击针始终处于锁定状态，只有扣动扳机的最后时刻才会解锁。弹匣扣位于握把底部。卸下弹匣，后拉套筒退出枪膛中的枪弹，通过抛壳口检查枪膛，松开套筒，扣动扳机或按压待击解脱杆。

瑞士 SIG Sauer P239 手枪

P239 手枪是 P229 手枪的进一步小型化，按 SIG 公司自己的称呼叫作“个人尺寸手枪”，实际上就是一种接近袖珍手枪尺寸的小型手枪。

性能解析

基本参数	
口径	9 毫米
全长	168 毫米
枪管长	91 毫米
空枪重量	714 克
有效射程	50 米
枪口初速	245 米 / 秒
弹容量	8 发

P239 手枪结构简单可靠，虽然其尺寸比大多数袖珍手枪要稍大一点，但它的威力比大多数袖珍手枪强大。该手枪主要用于个人防身，可使用双动、单动两种发射模式。和所有 SIG 的半自动手枪产品一样，P239 手枪具有一个待击解除杆。该特点使得在双动、单动机构已将子弹入膛的情况下，也可完全安全地携带。这意味着首发子弹只能是在扳机被实际扣下时才能被发射。后续的子弹可在单动模式下被击发，即手枪可利用反冲自动回到待击状态。

总体设计

P239 手枪手动保险位于握把后缘顶部。待击解脱杆位于握把左上方，按住它可释放击锤。自动击针保险始终锁定击针，除非将扳机扣到底。弹匣扣位于握把左边或右边、扳机后方。卸下弹匣，后拉套筒退出枪膛中的枪弹，松开套筒，扣动扳机。

瑞士 SIG Sauer SP2022 手枪

SP2022 手枪是 SIG 公司设计生产的一款半自动手枪。该手枪是仅次于 P228 手枪、第二个成为美军制式手枪的 SIG 公司产品。

性能解析

基本参数	
口径	9 毫米
全长	187 毫米
枪管长	98 毫米
空枪重量	765 克
有效射程	50 米
枪口初速	390 米 / 秒
弹容量	15 发

SP2022 手枪继承了西格－绍尔 P220 系列手枪的工作原理及基本结构，并在设计上有所创新和改进，从而使该枪具有结构紧凑、牢固、安全性良好、操作简便等特点。该枪继承 P220 系列手枪采用的枪管短后坐式工作原理及枪管摆动式闭锁方式。枪管弹膛下方的椭圆孔与 P210、CZ75 手枪相同。套筒后退时，空仓挂机的轴与枪管后端椭圆孔的开锁斜面相互作用，使枪管尾端向下倾斜，枪管与套筒脱离，实现开锁。套筒复进时，空仓挂机的轴与椭圆孔的闭锁斜面相互作用，使枪管尾端上抬，闭锁凸榫进入套筒的闭锁槽，实现闭锁。

SP2022 与其他西格－绍尔手枪均采用传统的击锤式击发机构，同样可单动或双动击发。SP2022 的创新之处是握把与套筒座后方装有发射机构控制模块，可以简便地更换模块选择双动 / 单动和纯双动功能。SP2022 与 P220 系列手枪一样具有扳机力较小的特点，但扳机力不如 P220 系列手枪平滑 (SP2022 的扳机力单动 18 牛顿，双动 45 牛顿)。

使用情况

2005 年 1 月，SIG 公司发表了“美国陆军坦克、机动车辆与军械司令部决定采用 SP2022 手枪作制式”的消息。虽然订货数量只有 5000 支，但对 SIG 公司来说，最重要的不是现在的订货数量，而是获得了美国政府订购，这样就可以借机扬名，继续推出 SP2022 的市售型同格洛克手枪对抗。另外，SIG 公司与法国政府签订了多达 27 万支 SP2022 手枪的供应合同。

瑞士 SIG Sauer P250 DCc 手枪

P250 DCc 手枪是 SIG 公司设计生产的一款半自动手枪，是该公司第二代聚合物套筒座手枪(第一代为 SP2022 手枪)。

性能解析

基本参数	
口径	9 毫米
全长	183 毫米
枪管长	98 毫米
空枪重量	875 克
有效射程	50 米
弹容量	12/17 发

P250 手枪虽然是一款紧凑型手枪，给人的第一印象却是比较厚重，握把前后及两侧有防滑凸点。由于采用了不同于 SP 系列的聚合物材料，较之 SIG 公司其他系列的手枪具有更好的握持舒适性。握把上设有三角形弹匣扣，握把上方左右两侧各有一个分解杆，便于左、右手操作。在套筒后端击锤的设计上，P250 手枪依然延续了 SIG 公司一贯的风格，采用了隐藏式击锤，使其具有更好的隐蔽携带性。枪口下方设计了可加装战术手电和激光指示器的皮卡汀尼导轨。扳机护圈则几乎没有变化，依然具有强烈的 SIG 公司传统风格。

瑞士 SIG Sauer Pro 系列手枪

Pro 系列手枪是一种模块化的半自动手枪，并首次尝试大量使用塑料聚合物的手枪。

基本参数	
口径	9 毫米
全长	190 毫米
枪管长	99 毫米
空枪重量	786 克
有效射程	50 米
弹容量	15 发

性能解析

以往的 P220 系列手枪都是采用金属底把，而 Pro 则采用工程塑料底把。所谓的模块化是指两点：一是握把模块可以方便地更换成不同尺寸的模块；二是模块化的击发机构也可以随意更换，不但方便维修，而且可以让使用者在双动 / 单动 (DA/SA) 和纯双动 (DAO) 功能中任意选择。

Pro 系列 SP2022 手枪及其子弹

意大利伯莱塔 M1934 手枪

M1934 手枪是意大利皮埃特罗·伯莱塔 (P. Beretta S.p.A，后文统称伯莱塔公司) 公司设计生产的一款半自动手枪，是该公司手枪风格的雏形。

性能解析

基本参数	
口径	9 毫米
全长	149 毫米
空枪重量	660 克
有效射程	50 米
枪口初速	240 米 / 秒
弹容量	8 发

M1934 手枪的开闭锁动作是由闭锁卡铁上下摆动而完成，避免了枪管上下摆动时对射弹造成的影响。它的维修性好、故障率低，据试验：其在风沙、尘土、泥浆、水中等恶劣战斗条件下适应性强，枪管的使用寿命高达 10 000 发。一旦在战斗中损坏，较大故障的平均修理时间不超过半小时，小故障不超过 10 分钟。

总体设计

M1934 自由枪击后坐自动方式，枪身铭文标于套筒左侧，序列号标于套筒右侧和套筒座上。手动保险位于套筒座左侧、扳机上方。向前为保险，向后为射击。弹匣扣位于握把底部。

意大利伯莱塔 92 手枪

92 手枪是伯莱塔公司半自动手枪风格的定型之作，其改进型 92F 手枪曾取代了美军 M1911 手枪的地位，成为其制式手枪。

性能解析

92 手枪的手动保险位于套筒座的尾端，而弹匣扣则在握把的后下方。另外，该手枪的抽壳钩还兼有膛内有弹指示功能。当弹膛内有弹时，抽壳钩会在侧面突出并显示出红色的视觉标记，即使在晚上也能通过触摸感觉到。

基本参数	
口径	9 毫米
全长	217 毫米
枪管长	125 毫米
空枪重量	950 克
有效射程	50 米
枪口初速	381 米 / 秒
弹容量	10 发

总体设计

92 手枪采用航空铝材制成的底把，这是伯莱塔公司超过 30 年的冶金试验的成果。伯莱塔产品传统的开顶式套筒设计容易分解和维护。92 手枪采用 15 发的大容弹量弹匣。弹匣扣位于握把左侧、扳机后方。

使用情况

巴西军队是第一支采用伯莱塔 92 作为制式手枪的军队。增加“跌落保险”装置后的 92 型手枪被重新命名为 92S 型，为意大利国家警察意大利宪兵所采用。

1986 年被采用为美军制式手枪，命名为 M9 手枪，装备美国海陆空三军，海军陆战队与海岸警备队。与此同时，美国许多执法部门也装备了 M92 手枪。

意大利伯莱塔 92S/92SB 手枪

92S/92SB 手枪是伯莱塔公司设计生产的一款半自动手枪，主要装备意大利军队和警察。

基本参数	
口径	9 毫米
全长	197 毫米
空枪重量	950 克
有效射程	50 米
枪口初速	390 米 / 秒
弹容量	13 发

性能解析

92S/92SB 手枪采用枪管短后坐式工作原理。射击后，枪管同套筒先共同后坐一小段距离。然后，闭锁卡铁在开锁杆的作用下向下摆动，使枪管和套筒分离，实现开锁。此时枪管停止后坐，套筒继续后坐，完成抽壳、抛壳、压倒击锤等一系列动作。该手枪膛内有弹时，拉壳钩在侧面凸出以显示有弹。

总体设计

92S/92SB 手枪采用手动保险分隔扳机和阻铁。在射击时，除非扳机被完全扣压到位，否则撞针总是处于锁定状态。其撞针靠惯性运转，有半待发位置。握把前面和后面有凹处，更方便握持。

意大利伯莱塔 90TWO 手枪

90TWO 手枪是伯莱塔公司继 92 系列手枪之后设计的一款新型半自动手枪，它在 2006 年的 SHOT Show(美国著名枪展)之中，以 92 手枪的增强版本之名推出。

性能解析

相对于伯莱塔 92F(美国 M9 手枪)来说，90TWO 最明显的变化是增设了手枪套筒座内的缓冲垫。该缓冲垫的增设有利于缓和后坐力，进一步提高命中精度。套筒座握把部位前端比 92F 更薄，新设计的骷髅状击锤也引人注目。

基本参数	
口径	9 毫米
全长	217 毫米
枪管长	125 毫米
空枪重量	921 克
有效射程	50 米
枪口初速	381 米/秒
弹容量	10 发

总体设计

90TWO 内部机构的整体设计与 M92FS 基本上没有什么变化，只是对细部进行了一些改进。最明显的是增设了 90TWO 手枪套筒座内的蓝色缓冲垫。该部件安装在套筒座内与后退的套筒撞击的部分，向前方突出约 2 毫米。该缓冲垫的增设有利于缓和后坐力，进一步提高命中精度。

意大利伯莱塔 Px4 Storm 手枪

Px4 Storm 手枪是伯莱塔公司设计生产的一款半自动手枪，主要发射 9×19 毫米、9×21 毫米 IMI、.40 S&W 和 .45 ACP 这 4 种手枪子弹。

性能解析

基本参数	
口径	9 毫米
全长	193.04 毫米
枪管长	101.6 毫米
空枪重量	785.28 克
有效射程	100 米
枪口初速	360 米 / 秒
弹容量	10/20 发

Px4 Storm 手枪的特点是安装在套筒顶部的燕尾槽里、可以更换和发光的三点式准星瞄准系统，在用于夜间瞄准的白点上还涂上了超级夜光涂料，以便在黑暗或光线不足的情况下快速捕捉目标。只要暴露于任何类型的光线一段短时间，用于夜间瞄准的白点就有着长达 30 分钟的黑暗中发光时间。

该手枪还在套筒下、底把的扳机护圈前方整合了一条 MIL-STD-1913 式战术灯安装导轨，以安装各种战术灯、激光瞄准器和其他战术配件。为了提高 Px4 Storm 手枪的通用性，有一些零部件采用模块化设计。这些部件包括：后方握把片、弹匣释放按钮、套筒阻铁和击锤部件机构。后方握把片有 3 种尺寸，分别是：超薄型、标准型和超大型。弹匣释放按钮可以安装在手枪左右任何一边。标准型的套筒阻铁可以换成苗条型版本，以避免当武器从皮套快速抽出时被任何东西钩着。

俄罗斯TT手枪

TT手枪是苏联费德尔·华西列维奇·托卡列夫设计的一款半自动手枪，在二战中被苏军广泛采用。

基本参数	
口径	7.62毫米
全长	196毫米
枪管长	116毫米
空枪重量	840克
有效射程	50米
枪口初速	420米/秒
弹容量	8发

性能解析

1954年苏联停止了TT-33生产后，便把设备卖给多个友好国家，并允许它们进行仿制，有些国家至今仍在生产及采用其仿制品。20世纪80年代，TT-33仍在多个国家的军警中服役或用作储备(包括俄罗斯及乌克兰)。

目前因其低廉的成本，使不法分子容易从黑市中购买(在黑市中TT-33占了不小数目，当中不少是从苏联的军火库中盗取的)。另外也可能与苏联在“冷战”期间大量对外输出武器有关，TT-33已成为一款被犯罪组织及恐怖组织使用的枪支。

使用情况

TT-33成为二战中广为苏军使用的手枪，但直至二战终结时也没有完全取代纳甘M1895。二战开始初年，TT-33开始被大量投入生产并装备部队。在1941年6月22日，苏联红军已收到大约600万支TT-33。在战争期间，该枪的生产量再度增加。纳粹德军在二战时也使用部分缴获的TT-33手枪，并把这些战利品命名为Pistole 615(r)。1951年，当苏军列装9毫米口径的马卡洛夫PM以后,TT-33便渐渐地退出苏军前线装备。尽管如此,直到20世纪70年代，一些当地警察部队仍然有装备。

俄罗斯 PM 手枪

PM 手枪（即马卡洛夫手枪）是苏联军事专家尼古拉·马卡洛夫设计的一款半自动手枪。1951—1991 年，它是苏联军队的制式手枪，至今仍在俄罗斯军队服役。

基本参数	
口径	9 毫米
全长	161.5 毫米
枪管长	93.5 毫米
空枪重量	730 克
有效射程	50 米
枪口初速	315 米 / 秒
弹容量	8 发

性能解析

PM 手枪的结构与 PP/PPK 手枪基本相同，其差别主要在 6 个方面。第一，马卡洛夫 PM 手枪为左旋复进簧。第二，马卡洛夫 PM 手枪的击锤头与 PPK 不同。第三，马卡洛夫 PM 手枪没有子弹上膛显示器。第四，马卡洛夫 PM 手枪的弹匣卡榫设在握把底部。第五，马卡洛夫 PM 手枪将击锤发弹簧改为弹片。第六，马卡洛夫 PM 手枪有滑套卡榫，在最后一发子弹射出后弹匣托扳会顶住卡榫，使滑套停留在后方。PM 手枪的用户极多，包括俄罗斯、叙利亚、土库曼斯坦等数十个国家和地区。俄罗斯打算以 MP-443 手枪取代警察使用的 PM 手枪。但由于财政问题和该手枪在俄罗斯的数量非常庞大，换枪计划最终作罢。

总体设计

马卡洛夫 PM 手枪为单动 / 双动式扳机设计。在完成装填和上膛后，此枪能够在击锤扳起和锁上保险的状态下携带。若要开火，用户需把位于滑套上的保险装置调到“待发”位置，然后再扣扳机。在双动模式时，射手在打第一枪，

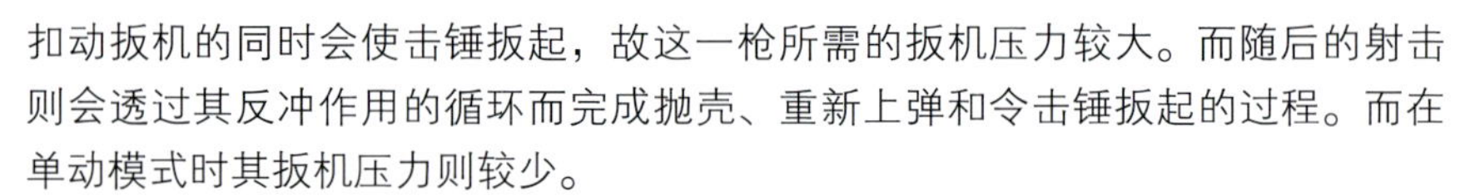

扣动扳机的同时会使击锤扳起，故这一枪所需的扳机压力较大。而随后的射击则会透过其反冲作用的循环而完成抛壳、重新上弹和令击锤扳起的过程。而在单动模式时其扳机压力则较少。

马卡洛夫 PM 手枪为一种半自动手枪，其射速取决于射手每次扣扳机的速度。射击后弹壳会在射手右方和后方抛出约18 ~ 20英尺远。在锁定保险的时候，手枪的击锤会同时扳起。这是因为其保险装置具有一块阻铁，它会妨碍击锤撞击其击针，所以才能够安全地让击锤扳起来。

马卡洛夫 PM 手枪的标准弹匣容量为 8 发，在打完最后一枪后其滑套会处于锁定开放状态，以完成空仓挂机的作用。而在换上一个装弹的弹匣后，射手需要把位于枪身左边的滑套释放装置推下或直接把滑套向后拉以把第一发子弹推进膛室。当然射手亦可选择单发装填。马卡洛夫 PM 手枪的弹匣释放钮位于握把底部，这是为了阻止弹匣意外掉出而设。

俄罗斯 MP-443“乌鸦”手枪

MP-443“乌鸦”手枪是俄罗斯伊热夫斯克机械工厂(Izhmesh)生产的一款半自动手枪，目前和 GSh-18 一样是俄罗斯军队的制式手枪。

性能解析

MP-443“海盗”手枪可与格洛克 17 手枪媲美。目前，它被俄罗斯军队、保安人员以及政府官员当作自卫武器。MP-443 可单动发射也可双动式发射。在握把上方左右两侧成对配置手动保险杆，左右手均可操作。手动保险杆推向上方位置为保险状态，不仅锁住扳机和阻铁，也锁住击锤和套筒。枪管后端装有卡铁，该卡铁为一独立件，便于加工。复进簧导杆与空仓挂机轴装在枪管后端的下方，空仓挂机扳把设在套筒左侧。弹匣为钢制件，有 10 发和 17 发两种容弹量，弹匣托弹板由聚合物制成。弹匣扣设在扳机护圈后部，枪身左右两侧和缺口式照门前方设有较大的斜坡，以便装入手枪套时不会被挂住。

基本参数	
口径	9 毫米
全长	198 毫米
枪管长	112.5 毫米
空枪重量	950 克
有效射程	50 米
枪口初速	465 米 / 秒
弹容量	17 发

使用情况

2003 年，它被俄罗斯军队和执法机关以下的各个部队所采用，与 GSh-18 和 SPS 一样作为制式手枪。截至 2008 年，它只在少数的部队服役，大概是在北高加索地区的特种部队所采用。

2008 年 10 月，俄罗斯内政部部长计划让俄罗斯警察都装备“乌鸦”式手枪。但由于财政问题和事实上马卡洛夫手枪在俄罗斯的数量仍然是如此的丰富，只好作罢。因此在多年以后，马卡洛夫手枪仍然是俄罗斯最主要的警用手枪。2011 年，“乌鸦”手枪开始大量生产。2012 年，西部军区的军官接受了该武器。

俄罗斯 GSh-18 手枪

GSh-18 手枪是由俄罗斯 KBP 仪器设计厂设计生产的一款半自动手枪，主要用于近距离战斗，目前是俄罗斯乃至世界新一代军用手枪中的佼佼者。

性能解析

GSh-18 手枪采用了枪管短行程后坐式，以及一个不寻常的凸轮偏转式闭锁结构。枪管外表面具有 10 个组成环状、分布均匀的锁耳，回转角度约为 18° 。冷锻法制造的枪管具有 6 条多边形膛线，扳机机构为击针击发、双动操作，并设有一个默认式扳机。

基本参数	
口径	9 毫米
全长	184 毫米
枪管长	103 毫米
空枪重量	470 克
有效射程	50 米
枪口初速	535 米 / 秒
弹容量	18 发

使用情况

GSh-18 手枪是专为近距离战斗设计的军用半自动手枪，具有体积小、质量轻、弹匣容弹量大、射击稳定性好等优点，是俄罗斯乃至世界新一代军用手枪中的佼佼者。

俄罗斯多个执法机关已经装备了 GSh-18，它最受俄罗斯警察特别是车辆检查人员的欢迎。GSh-18 轻巧、体积小、便于随身携带，在配用 7N31 穿甲弹时还可以击毙车辆内负隅顽抗的罪犯。

俄罗斯 SR1 “维克托” 手枪

SR1 “维克托” 手枪是由谢尔久科夫设计的一款半自动手枪，目前是俄罗斯军警用主要自卫武器之一，其威力与 GSh-18 不相上下。

性能解析

SR1 “维克托” 手枪威力较大，能发射 7N29 手枪穿甲弹、7N28 手枪弹和 7BT3 穿甲曳光手枪弹。如发射手枪穿甲弹，在 50 米距离上可穿透汽车侧板，100 米距离上可击穿 1.4 毫米钛钢板或 30 层凯芙拉材料制成的防弹背心。因其出口型套筒侧面刻有斑蝰蛇图案，因此也被人称为 “斑蝰蛇” 手枪。

基本参数	
口径	9 毫米
全长	195 毫米
枪管长	112.5 毫米
空枪重量	950 克
有效射程	100 米
枪口初速	420 米 / 秒
弹容量	18 发

总体设计

SR1 手枪设有两道自动保险，既便于安全携带，又可缩短应急射击准备时间。它的有效射程和火力密集度可比冲锋手枪，而射击精度和贯穿效果又好于冲锋手枪。国际轻武器专家评论说，它的优良性能远远超过一般手枪，堪称世界半自动战斗手枪中的上品。

俄罗斯 SPP-1 手枪

SPP-1 是苏联研制的一款水下手枪，目前仍然被俄罗斯海军特种部队所装备，并通过俄罗斯政府控制的军事销售组织出口到其他国家。

性能解析

基本参数	
口径	4.5 毫米
全长	244 毫米
枪管长	203 毫米
空枪重量	950 克
有效射程	20 米(水下)
枪口初速	250 米/秒(水上)
弹容量	4 发

SPP-1 枪管组件前部通过 1 个销轴铰接于底把上，其后部由一个锁扣固定在发射位置上。装填时像民用单管或双管猎枪那样扳开枪管，从枪管尾部装填。枪管内没有膛线。SPP-1 的双动击发机构采用一个旋转击针，每次扣动扳机时击针向后进入待发位置，同时击针座会旋转 90° 对准下一个未发射的枪管位置。在手枪底把的左侧有一个扳把，有三个功能，位于顶端时是打开枪管用于装填，位于中间位置时是“保险”，而扳到底部时则是“发射”状态。

总体设计

SPP-1 是一种手动操作的 4 管手枪。枪管组件前部通过 1 个销轴铰接于底把上，其后部由一个锁扣固定在发射位置上。装填时像民用单管或双管猎枪那样扳开枪管，从枪管尾部装填。

SPP-1 的双动击发机构采用一个旋转击针，每次扣动扳机时击针向后进入待发位置，同时击针座会旋转 90 度对准下一个未发射的枪管位置。

俄罗斯 PSS 手枪

PSS 手枪是苏联中央精密机械制造研究中心设计的一款半自动微声手枪，其结构十分紧凑，携带非常方便。

性能解析

基本参数	
口径	7.62 毫米
全长	165 毫米
空枪重量	700 克
有效射程	50 米
枪口初速	331 米 / 秒
弹容量	6 发

PSS 手枪的设计非常简单，主要由套筒座、枪机、弹匣、握把等部分组成，采用枪管后坐式自动方式。为了保证自动操作的可靠性，枪管和弹膛采用分离式设计，枪管固定，弹膛附着在枪管上。弹膛由一个特殊的弹簧装置和枪管装配在一起，该弹簧装置和枪机复进簧连接在一起，这样可以有效地减小枪的后坐力，防止射击时枪管上跳。射击时，枪机和带有弹壳的弹膛一起后坐一定距离，然后脱离，弹膛在弹簧的作用下向前运动。这时候，枪机继续后坐，并在位于套筒上的抛壳机构的协助下抛出弹壳。当枪机返回它的前边位置时，另一发弹装填到位。

总体设计

PSS 微声手枪使用的枪弹称为 7.62×41.5 毫米 SP-4 枪弹，41.5 毫米表示的是弹壳长。这种枪弹的发射药位于轻金属活塞的下方，活塞中央的尖头插入弹头的底部，起到定位弹头的作用。弹头由钢材制成，其前端带有黄铜导引部。弹壳由镀铜钢板制成。底火安装在弹底窝内，以保证在火药燃气的压力下不会被顶出。

俄罗斯 Baikal MCM 手枪

Baikal MCM 手枪是由苏联枪械设计师米哈伊尔·马戈林设计、伊热夫斯克机械工厂生产的一款半自动手枪，主要用于25米标准手枪比赛项目。

性能解析

Baikal MCM 手枪射击精度高、性能可靠并且符合当时的经济效益，但是在瞄具上有一点小缺陷。这也许与设计师米哈伊尔·马戈林本身是一名盲人有关系，不过这一点小缺陷无伤大雅。该手枪还有一种称为 Margo 的衍生型，它的特点是比 Baikal MCM 体积更小，比较方便隐蔽携带。另外，Margo 枪管更短且简化了瞄具，适合非正式目标射击及防身用途。

基本参数	
口径	5.58 毫米
全长	245 毫米
枪管长	130 毫米
空枪重量	910 克
有效射程	50 米
枪口初速	330 米 / 秒
弹容量	5/6/10 发

俄罗斯 PSM 手枪

PSM 手枪是苏联 KBP 仪器设计厂设计、伊热夫斯克机械厂生产的一款半自动手枪，主要提供给执法部门及军官使用。

性能解析

PSM 手枪有一个与其他手枪不一样的地方，就是没有空仓挂机装置，故射手在把子弹打光后难以察觉枪支已弹尽。全枪大部分零件均由钢制成，而其握把护板则是由薄铝板制成，但较新的型号则使用以硬质塑料制造的握把护板。

基本参数	
口径	5.45 毫米
全长	155 毫米
枪管长	84.6 毫米
空枪重量	460 克
有效射程	25 米
枪口初速	315 米 / 秒
弹容量	8 发

总体设计

PSM 采用后坐作用机制运作，扳机为双动式设计，保险装置与滑架一体化。PSM 手枪使用的弹药为中央精密机械工程研究院研制的 5.45 × 18 毫米枪弹。这种弹药具高贯穿力的特点，其性能甚至超越了 .22 LR 和 .25 ACP 两种同类型的弹药。

加拿大“疣猪”手枪

M1911 系列手枪在美国人心中有着不可替代的地位，自问世以来虽已经历百年岁月，依旧深受欢迎。

基本参数	
口径	11.43 毫米
全长	165.1 毫米
枪管长	76.2 毫米
空枪重量	680 克
有效射程	50 米
枪口初速	250 米 / 秒
弹容量	10 发

性能解析

1980 年，该手枪从军队中退役，但在民间它仍是追捧的对象。世界各个枪械制造商想在民间市场做做文章，于是陆续推出了不少 M1911 的变形版。这些变形枪尽管口径不同，设计细节有所不同，但规格尺寸没有太大改变，缺乏创意。之后，柯尔特公司推出了袖珍型 M1911 手枪。但是该手枪发射小威力的 9.6 毫米口径枪弹（原版 M1911 发射 11.43 毫米口径枪弹），所以并不受大众欢迎。手枪尺寸小和发射大威力枪弹要同时满足是一件困难的事情，但加拿大帕拉军工制造公司在这方面有所造诣。该公司推出了发射 11.43 毫米口径 ACP 枪弹的袖珍型 M1911 “疣猪”(Warthog) 手枪，使小尺寸与大威力兼得。该手枪一经推出，就受到了民间甚至执法单位的喜爱。

加拿大 P14-45 手枪

P14-45 手枪是加拿大帕拉军工设计生产的一款半自动手枪，目前已被美国和加拿大一些警察使用，也有一些平民购买用于自卫或射击比赛。

性能解析

相比 M1911 手枪而言，P14-45 手枪实现了最大程度的隐蔽性，外形和结构更加紧凑，同时保留了较大的弹匣容量。帕拉军工生产的 P14-45 手枪不仅具有传统 M1911 的握把保险、手动保险和惯性撞针，还装备了撞针锁，手指一旦离开扳机，撞针就会被锁定。

基本参数	
口径	11.43 毫米
全长	216 毫米
空枪重量	1100 克
有效射程	50 米
枪口初速	340 米 / 秒
弹容量	14 发

奥地利格洛克17手枪

格洛克17手枪是由奥地利格洛克(GLOCK)公司设计生产的一款半自动手枪，它是该公司设计生产的第一款手枪。

性能解析

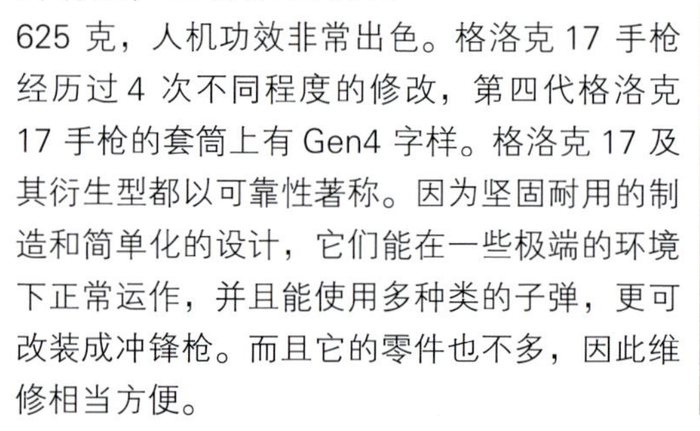

格洛克17手枪采用枪管短行程后坐式原理，使用9×19毫米格鲁弹。该手枪大量采用了复合材料制造，空枪重量仅为625克，人机功效非常出色。格洛克17手枪经历过4次不同程度的修改，第四代格洛克17手枪的套筒上有Gen4字样。格洛克17及其衍生型都以可靠性著称。因为坚固耐用的制造和简单化的设计，它们能在一些极端的环境下正常运作，并且能使用多种类的子弹，更可改装成冲锋枪。而且它的零件也不多，因此维修相当方便。

基本参数	
口径	9毫米
全长	202毫米
枪管长	114毫米
空枪重量	625克
有效射程	50米
枪口初速	370米/秒
弹容量	10/33发

和所有格洛克系列手枪一样，格洛克17有3个安全装置。另外，格洛克手枪可在水下发射，不过格洛克公司指出如在水下发射可能会使射手受伤。即便如此，部分蛙人部队还是装备格洛克17以应急之用。

总体设计

2010年之后的格洛克17型手枪采用了新纹理，握把由粗糙表面改凹陷表面，而握把略为缩小，且由以往不能更换改为可以更换握把片(分别是中型和大型，也可以不装上握把片直接使用)，以调整握把尺寸，更适合不同的手形。套筒内部的复进簧改为双复进簧式设计，大大降低了后坐力和提高了全枪的寿命。为了适应双复进簧式设计，套筒下的聚合物枪身前端部分较前一代格洛克17略为加宽。弹匣经改进，左右手皆可以直接按下加大化的弹匣卡榫以更换弹匣，也可以与旧式弹匣共用，但只可以右手按下弹匣卡榫以更换弹匣。

奥地利格洛克 19 手枪

格洛克 19 手枪是格洛克公司设计生产的一款半自动手枪，在民间市场颇为常见，成为最常见的平民防身用枪械之一，其销售量名列全球首位。

性能解析

相对于格洛克 17，格洛克 19 的握把短 12 毫米，更方便于隐蔽，以上两种型号大部分零件均通用 (包括弹匣)。该手枪在民间市场很受欢迎，也被执法部门广泛采用。目前该手枪被大量警察、特种警察部队及特种部队使用，是目前全球执法单位使用最多的枪械之一。

基本参数	
口径	9 毫米
全长	174 毫米
枪管长	102 毫米
空枪重量	595 克
有效射程	50 米
枪口初速	375 米 / 秒
弹容量	10/33 发

使用情况

世界上有两个执法部门装备了改装过的格洛克 19，分别为美国纽约市警察局及以色列 Shabak。纽约市警察局版本装有 12 磅扣力的扳机，而 Shabak 采用的 19C 则装有延长套筒锁、延长弹匣释放钮、Meprolight 夜光瞄具及 3.5 磅扣力的扳机。

奥地利格洛克 20 手枪

格洛克 20 手枪是格洛克公司针对美国市场所设计生产的一款半自动手枪，有多种衍生型号，其中包括格洛克 20C、格洛克 20SF、格洛克 21 等。

性能解析

基本参数	
口径	10 毫米
全长	209 毫米
枪管长	117 毫米
空枪重量	785 克
有效射程	50 米
枪口初速	380 米 / 秒
弹容量	10/15 发

为了提高人机工效，格洛克 20 手枪采用了新纹理，握把由格洛克 19 手枪的粗糙表面改为凹陷表面，尺寸也略为缩小，且由以往不能更换改为可以更换握把片（分别是中型和大型，也可以不装上握把片直接使用），以调整握把尺寸，适合不同的手形。该手枪套筒内部的复进簧改为双复进簧式设计，大大降低了后坐力和提高了全枪的寿命。

奥地利格洛克 26 手枪

格洛克 26 手枪是格洛克公司设计生产的半自动手枪中尺寸最小的一款，属于格洛克 17 手枪的袖珍版本，发射 9 毫米鲁格弹，标准弹匣容量为 10 发。

性能解析

基本参数	
口径	9 毫米
全长	165 毫米
枪管长	87 毫米
空枪重量	560 克
有效射程	50 米
枪口初速	355 米 / 秒
弹容量	10 发

格洛克 26 手枪面向民间市场销售，但也被执法部门广泛采用。相比格洛克 17、格洛克 19 手枪而言，格洛克 26 的握把少了一个手指凹槽，更便于隐蔽任务。以上 3 种型号大部分零件通用 (包括弹匣)。格洛克公司还以格洛克 26 手枪为基础，推出了若干衍生型号，其中包括格洛克 27、格洛克 28、格洛克 29 、格洛克 33 等。

总体设计

格洛克 26 手枪的枪身铭文“GLOCK(型号)AUSTRIA9×19”标于套筒左侧，序列号标于套筒右侧。无手动保险装置。扳机保险杆突出于扳机表面。扣动扳机时，保险杆被按入，从而将内部保险装置解锁，继续用力将待击。弹匣扣位于握把左侧、扳机后方。

使用情况

格洛克 26 至今仍是所有格洛克手枪中最小的手枪之一。主要是向民间市场销售，也被执法部门广泛采用。

奥地利格洛克 34 手枪

格洛克 34 手枪是格洛克公司设计生产的一款比赛型半自动手枪，由于在赛事上的突出表现，目前被法国特警队、马来西亚警察特别行动小组等执法单位所采用。

基本参数	
口径	9 毫米
全长	224 毫米
枪管长	135 毫米
空枪重量	650 克
有效射程	50 米
枪口初速	370 米 / 秒
弹容量	10/33 发

性能解析

格洛克 34 是比赛型手枪，装有改良过的套筒。相比格洛克 17L 手枪，格洛克 34 手枪略为缩短总长度和枪管长度。除枪管及弹匣外，其他部件两者皆可交替安装。

格洛克 34 手枪的套筒下前方设有导轨，可安装各种战术配件，其套筒的顶端被打出了一个大孔，用于减少枪口前端的重量。此外，该手枪还有可调整的照门，放大的空枪挂机柄，延长的弹匣卡榫。

使用情况

虽然格洛克 34 被定为竞赛型手枪，但由于其高命中精度和可靠的优点，因此格洛克 34 除了美国民间的订单外，也被少量军警单位作为制式手枪所采用。

奥地利施泰尔 GB 手枪

施泰尔 GB 手枪是由奥地利施泰尔 – 曼利夏 (Steyr Mannlicher，奥地利老牌武器公司，后文统称施泰尔公司) 公司设计生产的一款半自动手枪，在格洛克 17 手枪出现之前，它是该国军队最好的手枪之一。

性能解析

GB 手枪采用了半自由枪机式工作原理，借助射击后流入气室内的火药气体达到延迟后坐的作用。枪管外表面和套筒之间形成一个封闭的环形空间作为气室。枪管外有一个导气孔，射击时部分气体流入环形空间从而产生高压，并作用于套筒前端以阻滞强烈的后坐从而产生阻滞作用。另外，该手枪使用双排弹匣供弹，配有空仓挂机结构。

基本参数	
口径	9 毫米
全长	216 毫米
枪管长	136 毫米
空枪重量	845 克
有效射程	50 米
枪口初速	360 米 / 秒
弹容量	18 发

前捷克斯洛伐克 Kevin ZP98 手枪

Kevin ZP98 手枪是由捷克斯洛伐克枪械设计师安东宁·莜迪设计的一款半自动手枪，在美国由马格南研究所以迷你“沙漠之鹰”的名义贩售。

性能解析

Kevin ZP98 手枪的枪身由高强度的铝合金制成，枪管和套筒皆是钢制品，而握把则由增强的橡胶化合物制成。在操作方面，Kevin ZP98 手枪采用了双动扳机的设计，并以 ZVI 公司 (Zbrojovka Vset í n – Indet) 设计的反冲系统运作。而瞄具是固定的前后式准星。另外，此枪没有保险装置。

基本参数	
口径	9 毫米
全长	116 毫米
枪管长	57 毫米
空枪重量	400 克
有效射程	15 米
弹容量	6 发

捷克斯洛伐克 CZ-52 手枪

CZ-52 手枪是由捷克斯洛伐克塞斯卡－直波尔约夫卡兵工厂(CeskaZbrojovka，后文统称 CZ 兵工厂)设计生产的一款半自动手枪，曾被柬埔寨、俄罗斯、越南等国采用。

基本参数	
口径	7.62 毫米
全长	209 毫米
枪管长	120 毫米
空枪重量	950 克
有效射程	50 米
枪口初速	500 米 / 秒
弹容量	8 发

性能解析

CZ-52 手枪采用后坐反冲式设计，8 发单排可卸式弹匣。此枪在设计时受到德国 MG42 通用机枪的滚轴闭锁系统影响，这种机构很少被用在手枪上，而 CZ-52 手枪却第一次把滚轴闭锁系统用在手枪上。

总体设计

CZ-52 手枪的枪管组件由枪管、枪管座、枪管座销、闭锁楔铁和左右闭锁滚柱组成。CZ-52 手枪是第一把采用滚轴闭锁的半自动手枪，以稳定可靠而闻名，采用后坐反冲式设计、8 发单排可卸式弹匣、单动模式。

使用情况

CZ-52 在 1952 年起成为捷克军的制式手枪，在 1982 年被 CZ-82 手枪取代。在 1987 年之后，大部分已退役的 CZ-52 被作为剩余物资售出。CZ-52 采用威力过大的 7.62 毫米 M48 枪弹，有着较大的后坐力。这种弹药原本是供给冲锋枪用的，并比不上采用手枪级的 7.62×25 毫米及 9 毫米鲁格弹的手枪有着更好的精确度及更低的后坐力和更长的寿命。

捷克斯洛伐克 CZ-75 手枪

CZ-75 手枪是 CZ 兵工厂生产的一款半自动手枪，除了广泛地装备于多国的军队和执法机构，也大受民间市场欢迎。

基本参数	
口径	9 毫米
全长	206 毫米
枪管长	120 毫米
空枪重量	1120 克
有效射程	50 米
枪口初速	375 米 / 秒
弹容量	15 发

性能解析

CZ-75 手枪以比利时 FN 公司的 M1903 手枪为基础，同时集合了美国 SW 公司的 M39、瑞士 SIG 公司的 P210 等手枪的优点。该手枪采用了枪管短后坐和勃朗宁闭锁式设计，其枪管在弹膛下方有闭锁凸耳，与底把上安装的开闭锁突起零件配合引起枪管的摆动，枪管进入套筒内闭锁，顶部有两个位于抛壳口前方的闭锁凸榫。

总体设计

9 毫米 CZ-75 手枪是该系列手枪的基本型，采用勃朗宁枪机设计，与勃朗宁大威力 M35 型手枪的枪机相似。该枪族性能可靠、坚固耐用，获得了多个国家的青睐，其中土耳其 Rocketsan 获得许可生产该枪。

当前，CZ-75 已被 CZ-75B 所取代，后者增加了击针保险装置。另外，还

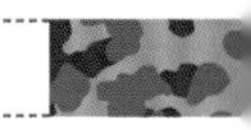

有紧凑型和半紧凑型型号，它们都使用容量为 10 发弹匣。其他型号包括微声型(Tarantule)、纯双动型和装备待击解脱杆的 CZ–75 警用型。

使用情况

“冷战”时期，在 CZ–75 手枪之前，欧美市场上几乎没有商店销售社会主义国家研制的手枪，所以西方人刚开始接触 CZ–75 手枪时，最初是由于新鲜感和便宜。但随后人们就发现 CZ–75 手枪的性能可靠，完全可以作为军事手枪；精度也相当高，可用于射击比赛；再加上价格便宜 (最近涨价了，如今 CZ–75 手枪在美国的网站和枪店一般能卖到 500 美元左右)，因此 CZ–75 被认为是性价比相当高的手枪。

CZ–75 手枪也广泛地被仿制。比较流行的 CZ–75 仿制型有：以色列 IMI 杰里科 –941、意大利 Tanfoglio(TZ–75、TZ–90、T–95)、土耳其 Sarsilmaz M2000、瑞士 ITM AT–88、瑞士 Sarsilmaz M2000、美国春田 P9、美国阿玛莱特 AR–24、美国 Bren Ten 等。

捷克斯洛伐克CZ-83手枪

CZ-83手枪是库斯基兄弟设计、CZ兵工厂生产的一款半自动手枪，主要由警察、军队的高级官员使用，因使用低威力子弹，所以其结构非常简单。

性能解析

CZ-83手枪有几个非常突出的优点：第一，转换套件的设计思想，使该手枪能够发射多种型号的枪弹，简化了后勤保障及武器对枪弹口径的依赖性；第二，该手枪的握把设计以人体工程学为基础，发射机构采用的是双动原理，使用简便快捷；第三，它的扳机护圈较大，便于射手戴手套时射击，枪套筒两侧经过抛光处理，但顶部未抛光，以防止瞄准时反光。

基本参数	
口径	9毫米
全长	173毫米
枪管长	97毫米
空枪重量	720克
有效射程	50米
枪口初速	305米/秒
弹容量	15发

捷克斯洛伐克 CZ-110 手枪

CZ-110 手枪是 CZ 兵工厂设计生产的一款半自动手枪，是该兵工厂走进聚合物底把手枪市场的产品之一，主要发射 9×19 毫米、9×21 毫米 IMI 和 .40 S&W 三种手枪子弹。

基本参数	
口径	9 毫米
全长	180 毫米
枪管长	98 毫米
空枪重量	665 克
有效射程	50 米
枪口初速	320 米 / 秒
弹容量	13 发

性能解析

CZ-110 手枪是一把枪管短行程后坐作用、后膛装填的半自动手枪，装有短行程后坐的枪管，利用枪管的一块大型锁耳与套筒内壁相应的位置啮合并且闭合抛壳口实行闭锁，如果需要开锁，枪管需要利用置于枪管下方的凸轮和底把内部的凸轮导杆向下摆动。底把是由耐碰撞的高硬度聚合物制造，套筒是由钢制造。

CZ-110 手枪的击针可以由套筒的复进循环令其完全竖起。如果不是必须立即开火的话，可以利用待击解脱杆降低击锤来锁上全枪。该手枪内部还装有携带时令击针不能作任何移动而仍然保持上膛的特殊保险。该手枪还设计有双动操作的扳机机构。然而，如果需要更准确地发射第一发子弹（扳机在单动操作模式），就需要向后拉动套筒大约 10 毫米并竖起击针。

捷克斯洛伐克 GP K100 手枪

GP K100 手枪是巨大威力公司 (Grand Power SRO) 所研制的一款半自动手枪，几乎集合了 20 世纪 90 年代所有的手枪新型技术，不过在市场上的“卖相”并不算特别好。

基本参数	
口径	9 毫米
全长	203 毫米
枪管长	108 毫米
空枪重量	740 克
有效射程	50 米
枪口初速	286 米 / 秒
弹容量	10/15 发

性能解析

GP K100 手枪扳机系统采用传统的单动、双动形式。手动保险杆左右手均能操作。保险杆和空仓挂机柄可由用户自行改变安装在枪的左侧或右侧。该手枪握把表面粗糙，而且有凸筋，即使在潮湿的天气也能牢固地握持手枪。此外，复进簧导杆、保险、扳机和扳机护圈都由塑料制成。整体式的附件导轨整合在底把前端，在与套筒和扳机接触的位置上有钢嵌件。

GP K100 手枪开锁时，枪管要进行小角度的回转，因此在枪管上有一个引导回转的弯曲斜面，配合枪管回转用的弯曲引导杆用固定销固定在底把上。该设计已获得国际专利，枪管表面采用了“太尼费尔”(一种坚硬防锈蚀涂层技术)处理。

总的来说，GP K100 手枪使用起来相当舒适，它的指向性好，可靠性也不差。目前，该手枪已经研制了一系列不同的型号，有纯双动型、战术型，也有比较便宜的经济型。另外，GP K100 手枪有一种特殊的警用型 K102R，这种型号增加了两发点射模式，以提高战斗命中率和杀伤效果。

南斯拉夫 CZ99 手枪

CZ99 手枪是南斯拉夫扎斯塔瓦武器公司 (Zastava Arms) 设计生产的一款半自动手枪，自 1990 年、1991 年开始在美国和法国销售。

性能解析

CZ99 手枪动作安全可靠，即便是放在冰天雪地或 50℃高温下，射击 15 发弹仍无故障，处于待击状态时从 1.5 米高处跌落也不会出现走火现象。表尺和准星均以燕尾槽固定在套筒上，其上有便于夜间瞄准的氚光点。

基本参数	
口径	9 毫米
全长	190 毫米
枪管长	104 毫米
空枪重量	965 克
有效射程	50 米
枪口初速	380 米 / 秒
弹容量	15 发

总体设计

CZ99 式手枪与 SIG P226 式手枪极其相似，采用枪管短后坐式工作原理。但是，它有许多不同之处：其一是套筒采用两件焊接，其二是有一个膛内有弹指示器，可进行直观和触摸检查。

手枪的控制装置的作用：首先，当套筒被锁定在开启位置时，待击解脱杆可以将其释放，使它向前复进闭锁。其次，这个杆能让击锤处于半待击槽内，使手枪可以随身携带，能迅速拔枪射击。套筒座两侧都配有弹匣解脱钮，15 发装弹匣可轻易地从机匣中抽出。

该枪配有一个自动保险。在套筒里，有一个击针保险杆，在扳机的压力下发挥作用。套筒座用铝合金制成，并进行了黑色无光氧化处理。套筒也进行了无光处理。

西班牙阿斯特拉 M400 手枪

阿斯特拉 M400 手枪是由阿斯特拉 – 安塞塔 (Astra Societa) 公司设计生产的一款半自动手枪，在二战前和二战中，曾被多个国家的军队采用。

性能解析

基本参数	
口径	9 毫米
全长	278 毫米
空枪重量	875 克
有效射程	50 米
枪口初速	365 米 / 秒
弹容量	8 发

M400 手枪采用枪机后坐式自动原理，击锤发火的单动发射机构，发射 9 毫米口径 Largo 手枪弹(伯格曼 – 贝亚德手枪弹)，内部结构受勃朗宁 M1903 的影响。该手枪通用性很强，枪膛能够兼容几乎所有的 9 毫米口径手枪弹。9 毫米口径 Largo 手枪弹是一种 9×23 毫米的大型手枪弹。当时绝大多数的 9 毫米口径手枪弹都比它短，而 M400 半自动手枪又没有强制性闭锁机构，因此只要枪弹能上膛，就能够顺利地完成击发动作。

使用情况

阿斯特拉 M400 手枪在西班牙内战期间作为西班牙军队的标准手枪，二战期间，也在德国军队中服役。该型手枪直到 1950 年仍在继续生产。1956 年和 1965 年间，西班牙军方约有 106 175 支手枪存货向民用批发商出售。

西班牙阿斯特拉 M600 手枪

阿斯特拉 M600 手枪是阿斯特拉 – 安塞塔公司继 M400 手枪推出后，以后者为原型改进的一款半自动手枪。

基本参数	
口径	9 毫米
全长	278 毫米
空枪重量	875 克
有效射程	50 米
枪口初速	365 米 / 秒
弹容量	8 发

性能解析

由阿斯特拉 M600 手枪采用枪机后坐式自动原理，没有专用的闭锁机构，发射时只靠枪机的惯性与复进簧的簧力关闭弹膛。这种结构虽然简单可靠，但需要较重的枪机与较大的复进簧力来完成闭锁动作，不适合发射大威力手枪弹。因此，M400 手枪与 9 毫米口径 Largo 弹的组合就是一种比较考验射手力量与技巧的组合。而 M600 手枪与 9 毫米口径巴拉贝鲁姆弹的组合，从尺寸、威力等各方面来说都显得更为平衡一些，再加上机构简单、动作可靠，因而受到军方用户的青睐。

以色列“沙漠之鹰”手枪

“沙漠之鹰”(Desert Eagle)手枪是以色列军事工业公司(Israel Military Industries，后文统称IMI公司)生产的一款半自动手枪，是目前手枪界威力最大的武器之一，拥有极高的知名度。

基本参数	
口径	9毫米
全长	269毫米
枪管长	152毫米
空枪重量	1360克
有效射程	50米
枪口初速	402米/秒
弹容量	7发

性能解析

“沙漠之鹰”手枪采用常在步枪上使用的气动机构。这是因为它发射的是大威力子弹，而一般的气动机构在面对这种子弹时强度有所不足。该手枪的握把很大，通常采用硬塑胶整体制造，用弹簧销固定。为了降低后坐力，采用了两根平行的复进弹簧。它在射击时会产生很大的噪声，而且后坐力极大，故障率也较高。过高的杀伤力也是军方和警方对该手枪的兴趣大大降低的原因之一，因为这样无论是对射手还是射手旁边的人都存在很高的安全隐患。除了美国和以色列之外，波兰陆军机动反应作战部队和葡萄牙特别行动小组等单位都采用了“沙漠之鹰”手枪。

使用情况

“沙漠之鹰”因在射击时所产生的高噪声导致军、警方拒绝采用，又因“沙漠之鹰”其贯穿力强，甚至能穿透轻质隔墙，因此“沙漠之鹰”目前仅少量的用于竞技、狩猎及自卫。该型枪被波兰陆军特种部队机动反应作战部队所采用；在葡萄牙，被特别行动小组使用。

DESERT EAGLE PISTOL
MAGNUM RESEARCH INC. MINNEAPOLIS MN.
.50

以色列杰里科 941 手枪

杰里科 941 手枪是 IMI 公司设计生产的一款半自动手枪，虽然外形与“沙漠之鹰”手枪有些相似，但两者的内部结构完全不同。

性能解析

杰里科 941 手枪采用枪管短后坐式工作原理，枪管偏移式开闭锁机构，内部结构类似勃朗宁手枪系统。它可以双动射击，套筒在套筒座导轨上运动，有利于保证射击精度。手动保险柄左右手都可单手操作。该手枪还可通过迅速变换枪管、弹匣等部件发射其他口径枪弹。此外，它采用可调整风偏的片状准星和缺口照门，准星和照门上都有发光点，以利于夜间射击。

基本参数	
口径	9 毫米
全长	207 毫米
枪管长	112 毫米
空枪重量	1000 克
有效射程	50 米
枪口初速	400 米 / 秒
弹容量	12 发

使用情况

杰里科 941 手枪 1990 年出口至美国，后根据负责将杰里科 941 手枪引进至美国的莫斯伯格父子的名字而命名为“乌兹鹰”(英语:Uzi Eagle) 和小沙鹰 (英语 : Baby Eagle)。以色列各种警察和安全部队也采用该枪进行执法行动。同时该枪也为菲律宾武装部队、菲律宾国家警察所、韩国 707 特战营所使用。

波兰 ViS wz.35 手枪

ViS wz. 35 手枪是波兰布瑞尼 (Broni) 兵工厂生产的一款半自动手枪，在二战期间曾是波兰军队的制式手枪。

基本参数	
口径	9 毫米
全长	205 毫米
枪管长	115 毫米
空枪重量	1123 克
有效射程	50 米
枪口初速	345 米 / 秒
弹容量	8 发

性能解析

ViS wz. 35 手枪不少设计借鉴了勃朗宁 M1911 手枪，采用了与 M1911 手枪相同的枪管短行程后坐作用原理，但是在外形上与其有所不同。ViS wz. 35 手枪于 1935 年开始装备波兰军队。在波兰战役前，约有 49 400 支已经交付波军。虽然之后德国占领波兰，但此枪并没有因此而停止生产，并且还装备德军及警察。战后波兰军队开始采用苏联装备，因此 ViS wz. 35 停止了生产。虽然停产了，该手枪的影响力却是非常巨大的，一直都被认为是有史以来最好的手枪之一，更是一些枪械收藏家的珍藏之一。

波兰 P-64 手枪

P-64 手枪是由波兰“弓箭手”武器工厂(Łucznik Arms Factory)生产的一款半自动手枪，属于袖珍型手枪，能有效杀伤近距离内有生目标。

性能解析

P-64 手枪采用自由枪机式工作原理，子弹被击发后，火药气体压力推动套筒弹底窝平面，使得套筒后坐，完成抽壳、抛壳等动作。该手枪手动保险机柄在套筒左后方，显示红点为发射位置，红点被手动保险机柄挡住为保险状态。为便于手枪握持，该手枪弹匣底部向前伸出了一个凸角。

基本参数	
口径	9 毫米
全长	155 毫米
枪管长	84 毫米
空枪重量	636 克
有效射程	50 米
枪口初速	314 米/秒
弹容量	6 发

波兰 P-83 手枪

P-83 手枪是由波兰“弓箭手”武器工厂设计生产的一款半自动手枪，是 P-64 手枪的升级版本。

基本参数	
口径	9 毫米
全长	192 毫米
枪管长	106 毫米
空枪重量	930 克
有效射程	50 米
枪口初速	318 米 / 秒
弹容量	8 发

性能解析

P-83 手枪采用自由枪机式工作原理，全枪由四大零部件组成：套筒、套筒座、复进簧、弹匣。枪管固定在套筒座上，膛线四条，缠距 251.5 毫米。该手枪的子弹抛壳孔装在套筒座内左侧，手动保险机柄在套筒左后侧。不论击锤处于何种状态，都可拨动保险机柄。保险时能锁住击针，并使击锤返回待击位置，阻铁也锁住扳机钩。

使用情况

P-83 取代了 P-64 以后成为波兰军队和警察的备用枪械。P-83 至今仍被波兰警察和波兰军队少量使用，但它在波兰警察的地位已大多数被格洛克 19 手枪所取代，而在波兰军队的部分则是被本土生产的 WIST-94 手枪取代。

巴西PT-945手枪

PT-945手枪是巴西陶鲁斯公司(Taurus，通常也称“金牛座”枪械公司)设计生产的一款半自动手枪，是该公司生产的第一种发射11.43毫米ACP枪弹的半自动手枪。

基本参数	
口径	11.43毫米
全长	189毫米
空枪重量	850克
有效射程	50米
枪口初速	345米/秒
弹容量	8发

性能解析

PT-945手枪采用由陶鲁斯公司设计的3位置保险系统。该保险系统早从1991年起就开始在陶鲁斯半自动手枪中普遍使用。在该手枪套筒座后部两侧各有一手动保险柄，使得手枪可以在待击状态下安全携带，将保险柄下压到底可安全解脱待击的击锤。除手动保险外，它还有击针自动保险和弹膛有弹指示器。

PT-945手枪在封闭的套筒顶部装有可调风偏的低高度3点式瞄具。单排弹匣可容8发枪弹，握把细长扁平，射手使用该握把时，不会像使用其他11.43毫米ACP手枪那样，感到自己的手指短小。

巴西 PT-92 手枪

PT-92 手枪是陶鲁斯公司改进于意大利伯莱塔 92 的一款半自动手枪，可发射 9×19 毫米和 .40 S&W 这两种手枪子弹。

性能解析

基本参数	
口径	9 毫米
全长	216 毫米
枪管长	127 毫米
空枪重量	963.88 克
有效射程	50 米
枪口初速	375 米 / 秒
弹容量	10/15/17/30 发

同伯莱塔公司 92 手枪一样，PT-92 手枪采用了开放式套筒设计，套筒的上半部分被切去并且暴露了枪管本身。外形上，PT-92 手枪酷似 92 手枪，最明显的是两者皆具有方形扳机护圈（在击发时用于支撑另一只手的食指）。

PT-92 手枪的设计经历了多次修改。1991 年开始设置有陶鲁斯公司设计的 3 位置保险系统。15 发弹容量是该手枪早期的子弹标准装填数量。后陶鲁斯公司生产了 17 发弹容量的 PT-92 手枪，其持续设计火力可与大名鼎鼎的格洛克 17 手枪相媲美。2005 年，陶鲁斯公司开始生产在底把上内置配件导轨的 PT-92 手枪。

乌克兰 Fort-12 手枪

Fort-12 手枪乌克兰兵工厂 RPC Fort 设计生产的一款半自动手枪，目前已被该国多个执法部门使用，包括警察、特警队、军方、内政部等。

性能解析

Fort-12 手枪采用反动式操作，其枪身及滑套是由钢铁制成。手动保险设计在滑套左方，它可有效地锁上击锤，不论击锤处于锁定位置还是较低的位置。早期的 Fort-12 被认为不太可靠，但现在生产的型号就完全解决了这些问题。而且它比起马卡洛夫手枪有着更大的弹匣容量和更优秀的精度。该手枪唯一的缺陷就是缺乏一个安全的退弹系统。

基本参数	
口径	9 毫米
全长	180 毫米
枪管长	90 毫米
空枪重量	830 克
有效射程	25 米
枪口初速	320 米 / 秒
弹容量	12/24 发

使用情况

目前，Fort-12 被乌克兰多个执法部门使用，更在俄罗斯本土生产。俄罗斯(部分是继承自克里米亚共和国的旧别尔库特部队)及乌兹别克斯坦也有采用。Fort-12 有向民间市场发售，不过民用型只能发射如橡胶弹或催泪弹等非致命弹药。

乌克兰“福特”14 式手枪

“福特”14 式手枪是由乌克兰 DISI 公司设计生产的一款半自动手枪，是继 Fort-12 手枪之后的另一款乌克兰军队制式手枪。

性能解析

“福特”14 式手枪的基本结构为击锤外露式，装有常规的双动发射机构，配用华约制式手枪弹 (9×18 毫米枪弹)。9×18 毫米枪弹的威力比北约制式 9×19 毫米枪弹小，所以虽然“福特”14 式是大型手枪，但仍采用枪机后坐式工作原理。

基本参数	
口径	9 毫米
全长	210 毫米
空枪重量	920 克
有效射程	50 米
枪口初速	335 米 / 秒
弹容量	14 发

总体设计

“福特”14 式手枪全部由钢材制成，采用后坐式自动方式。它可以单动或双动模式射击。在这两种模式下，手动保险都可锁定击锤。该枪的配件包括 Fort-4 消声器和 LT-6 战术灯。枪身铭文“Fort 14 TP 9×18 mm Made in ukraine”，标于套筒左侧，序列号标于套筒座右侧。弹匣扣位于握把左侧、扳机后方。卸下弹匣，后拉套筒退出枪膛中的枪弹。通过抛壳口检查枪膛，松开套筒。将枪口指向安全方向并扣动扳机。

日本十四式手枪

十四式手枪是由日本南部麒次郎设计、东京兵工厂生产的一款半自动手枪，由于外形与鲁格 P08 手枪相似，所以在西方国家有“东方鲁格”之称。

性能解析

十四式手枪的外表和鲁格 P08 手枪有点相似，但作用方式不同。十四式手枪为较简单的反冲式。早期型的扳机护弓为正圆形，但后来发现在冬天戴上手套使用时有所不便，于是后来把扳机护弓加大。十四式手枪机械故障率高，尤其是钟针易断，故使用者要带后备撞针以便随时更换。

基本参数	
口径	8 毫米
全长	230 毫米
枪管长	117 毫米
空枪重量	890 克
有效射程	50 米
枪口初速	325 米 / 秒
弹容量	8 发

总体设计

十四式手枪采用枪管短后坐式自动原理、枪机起落式闭锁机构。并采用普通型弹匣，在弹匣右侧有一导向钮，帮助装最后几发弹时压缩弹匣簧。扳机护圈较大，允许戴手套射击。

日本九四式手枪

九四式手枪是日本二战前所设计生产的一款半自动手枪，被许多军事专家评论为“最丑的手枪”。

性能解析

九四式手枪的设计有一个非常大的弊端，就是如果压下枪身左侧一个露出的击槌固定器，上膛的子弹就会被击发。曾有日本军人描述到，有人在踩到泥巴滑倒后，因不经意地触发手枪而射伤自己。虽然这比较像是一个流言，不过该手枪在枪械市场上的确算得上是失败品。

基本参数	
口径	8 毫米
全长	180 毫米
枪管长	95 毫米
空枪重量	720 克
有效射程	50 米
枪口初速	290 米 / 秒
弹容量	6 发

法国 Mle 1950 手枪

Mle 1950 手枪是法国军队 1950—1978 年间的制式半自动手枪，在此期间共生产341 900 支。该手枪最初由莱劳特武器制造厂(Manufacture d'armesde Chd'tellerault,MAC)生产,后来改由圣艾蒂安武器制造厂(Manufacture d'Armes St.Etienne，MAS) 生产。

基本参数	
口径	9 毫米
全长	196 毫米
枪管长	111 毫米
空枪重量	860 克
有效射程	50 米
枪口初速	315 米 / 秒
弹容量	9 发

性能解析

Mle 1950 手枪采用了勃朗宁大威力手枪(即比利时 FN 公司的 M1935 手枪)式的枪管设计。它的扳机为单动式设计。保险装置位于套筒上，它能有效地锁定击针，这使用户在锁定保险后依然能够轻扣扳机以令击锤降下。

使用情况

由于目前法军已换装 PAMAS-G1 手枪，所以只有少量的 Mle 1950 仍在服役。而多个前法属殖民地的军队、执法部门或警察至今也继续使用法军遗留下来的 Mle 1950 作为制式手枪，并且在越南获授权生产。

法国 PAMAS-G1 手枪

PAMAS-G1 手枪是由法国地面武器工业集团公司(GroupementIn dustriel des Armements Terrestres，GIAT) 生产的一款半自动手枪，其前身正是意大利伯莱塔 92 手枪。

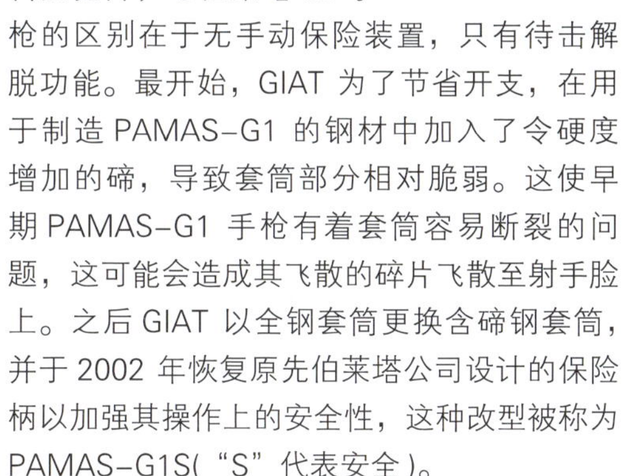

性能解析

PAMAS-G1 手枪采用碳钢枪管、铝合金骨架及塑料握把片，与伯莱塔 92 手枪的区别在于无手动保险装置，只有待击解脱功能。最开始，GIAT 为了节省开支，在用于制造 PAMAS-G1 的钢材中加入了令硬度增加的碲，导致套筒部分相对脆弱。这使早期 PAMAS-G1 手枪有着套筒容易断裂的问题，这可能会造成其飞散的碎片飞散至射手脸上。之后 GIAT 以全钢套筒更换含碲钢套筒，并于 2002 年恢复原先伯莱塔公司设计的保险柄以加强其操作上的安全性，这种改型被称为 PAMAS-G1S(“S”代表安全)。

基本参数	
口径	9 毫米
全长	217 毫米
枪管长	125 毫米
空枪重量	945 克
有效射程	50 米
枪口初速	325 米 / 秒
弹容量	10/15/17 发

使用情况

除了军队外，法国的各执法部门也曾经把 PAMAS-G1 作为制式手枪，但后来其各种问题陆续暴露出来。因为安全上的考量，PAMAS-G1 后来就遭法国政府淘汰撤装，而改以 SIG SP2022 作为新的制式手枪。

由于 SIG SP2022 已取代 PAMAS-G1 成为主流的制式手枪，法国的宪兵、警察、海关、监狱等执法机关也同步地将 PAMAS-G1 汰换。但法国的空军及陆军机构仍然存有部分 PAMAS-G1 作为后备使用。塞内加尔则成为此枪的第一个外国用户，并且将其定为制式手枪。

韩国 K5 手枪

K5 手枪是由韩国大宇集团 (Daewoo) 设计生产的一款半自动手枪，有多种衍生型号，已知的有 DP51 手枪和 DP51C 手枪，其中前者是 K5 手枪的民用型版本，后者是 DP-51 手枪的紧凑型。

性能解析

K5 手枪设计有一个被称为“快速行动”的扳机模式。由于这种扳机需要的扣力较小，非常便于受伤者或身心障碍人士使用。还配备有击针块，可阻止击针因为碰撞向前移，可以防止手枪走火。除非使用者扣下扳机，这一设计使 K5 手枪安全系数大大提高。此外，K5 手枪还设计有一个灵巧、安全的三点式准星。

基本参数	
口径	9 毫米
全长	191 毫米
枪管长	105 毫米
空枪重量	800 克
有效射程	50 米
枪口初速	350 米 / 秒
弹容量	12 发

总体设计

K5 手枪为 9 毫米帕拉贝鲁姆口径半自动手枪，采用延迟反冲式系统。该手枪为满足军队和警察的使用需求而设计，有三种射击模式：单动模式、双动模式和快速模式。在快速模式下，射手第一次扣动扳机时，扳机行程与双动模式接近，但是扣动扳机所需力量与单动模式非常接近。瞄准装置装有发光点，便于在微弱的光线条件下使用。

克罗地亚 HS2000 手枪

HS2000(克罗地亚语：Hrvatski Samokres,意为“克罗地亚制手枪”),又称为 XD(X–tremeDuty，意为“极限使命”)是一系列由克罗地亚卡尔洛瓦茨的HS Produkt工厂(前称:I.M.金属工厂,目前也生产VHS突击步枪)设计和生产、聚合物底把和击针发射式半自动手枪，可以发射多种不同的手枪子弹。

性能解析

基本参数	
口径	9 毫米
全长	180 毫米
空枪重量	775 克
有效射程	80 米
枪口初速	260 米 / 秒
枪管长	104 毫米
弹匣容量	9/10/12 发

HS2000 是短后坐行程作用和击针发射的半自动手枪。除了 5 英寸战术型和 XDM 系列使用了单复进簧式设计以外，大多数 HS2000 都装有串联双复进簧式设计。它们采用一种聚合物底把加上钢片镶块、战术灯安装导轨和防止有人意图扣下的情况外发射的扳机保险。

HS2000 有点不寻常的地方就是位于握把背后的握把式保险，必须按压才可发射，可以大大降低走火的概率。这种保险功能目前只会装在一些旧式的手枪上，如 M1911 手枪及其衍生型。很少会有现代手枪使用这种保险。HS2000 的握把保险和 CZ–75 手枪的不可更换式握把背板都是 HS2000 最显著的特点。

HS2000 除了扳机和握把保险以外，还有第三个安全保险装置，即防跌落保险。防跌落保险可以防止击针在此枪不慎摔落或受到各种巨大的撞击时释放并且撞击底火。除非套筒是完全闭膛，否则都会为求安全而防止射击。

使用情况

HS2000 被克罗地亚军队和执法机关选中并且作为制式佩枪，一直到现在仍然如此。此枪最初由分析中心 (INTRAC) 协助出口到美国市场以及由 HSAmerica 销售一种和 HS2000 一样的 9×19 毫米口径手枪。2002 年，春田公司通过协商取得了美国市场的特许生产权，并且将其改名为 XD–9(英语：X–treme Duty–9，意为：极限使命——9×19 毫米口径)。

俄罗斯雅利金“格拉奇”6P35手枪

俄罗斯军队选用发射9×19mm枪弹的大型制式手枪，以取代从1951年开始用作制式的马卡洛夫9mm手枪(简称PM手枪，其改进型简称PMM手枪)。这支新制式手枪有4个名称：军方称其为雅利金手枪(简称PYa)；制式编号为6P35，是参加“格拉奇”项目的手枪的试验名称；厂家称其为MP443手枪，别名为“格拉奇”手枪。雅利金手枪是俄军新一代手枪。

性能解析

基本参数	
口径	9毫米
全长	196毫米
枪管长	112.5毫米
有效射程	50米
枪口初速	465米/秒
空枪重量	840克
弹容量	17发

雅利金“格拉奇”套筒座和套筒为钢制，握把用聚合材料包裹。手动保险杆适合左右手使用，设置为保险状态时将阻止阻铁、击锤和套筒运动。退壳杆同时用作枪弹上膛指示器。士兵可根据自己的左右手使用习惯相应地翻转弹匣扣。

该枪发射高性能7H21穿甲弹。该枪的瞄准装置由普通的矩形照门和片状准星组成，上面嵌有简易的小发光管，供夜间射击使用。弹匣解脱钮周围被设计成凹面，防止因意外磕碰导致弹匣松脱。此外还设有空仓挂机。该枪变型枪包括民用MP-446和MP-446P(“维京”)，后者供执法人员使用。

加拿大 P14 手枪

P14 手枪是美国柯尔特 M1911A1 型手枪最成功的克隆版，它甚至超越了柯尔特 M1911A1。这些产自加拿大帕拉军械公司的手枪有一些非常与众不同的技术，被认为是有史以来最好的战斗手枪之一。

性能解析

基本参数	
口径	11.43 毫米
全长	216 毫米
空枪重量	1100 克
有效射程	50 米
枪口初速	40 米 / 秒
弹容量	13 发

P14 手枪为加拿大生产的柯尔特政府型高容弹量手枪，采用双排弹匣。该公司生产大量的铝制配件，后改为碳钢。目前生产的枪型采用铝合金或钢材。发射 0.40 英寸史密斯 - 韦森手枪弹。枪身铭文“PARA-ORDNANCE”标于套筒左侧，“P-14-45”标于套筒右侧。“PARA-ORDNANCEINC，FTLAUDERDALFFL，MADEINCANADA”和序列号标于套筒座右侧。

手动保险位于套筒座左侧顶端后部：向上为保险，向下为射击。击针保险可锁住击针，只有扳机完全扣动到位才能发射。弹匣扣位于握把左侧、扳机后方。

使用情况

P14 手枪因其可靠性强，射击精度高，被广泛应用于高射击精度的射击比赛。

德国 HK P9 手枪

HK P9 是西德黑克勒－科赫生产的半自动手枪，发射 9×19 毫米鲁格手枪子弹。

基本参数	
口径	9 毫米
全长	192 毫米
枪管长	102 毫米
空枪重量	880 克
枪口初速	350 米 / 秒
有效射程	50 米
弹容量	9 发

性能解析

HK P9 设计上使用 9×19 毫米鲁格弹，从 1965 年设计和 1969 年至 1978 年期间进行生产。这些手枪只生产了 485 把，不是很成功。然而，双动操作版本的 P9S 相对更受到欢迎，而且生产的数量更大。

HK P9 的套筒和枪管通过枪机连接。枪机由较轻的机头和其上的两个滚柱组成。当枪机头推弹入膛室并停止复进后，其前端的闭锁斜面会把滚柱挤入闭锁凹槽内以使枪管与套筒闭锁。下枪身从前端到扳机护弓、握把前端的位置是采用高分子聚合物，可以说是历史上首支在握把片以外的枪身结构上采用塑胶材料的手枪。

虽然黑克勒－科赫公司在 1978 年决定停止生产这种手枪，但仍然可以在特许生产的希腊版本之中看见其身影，并且被称为 EP9S。

德国 HK VP9 手枪

HK VP9 是 2014 年由黑克勒 – 科赫设计和生产的高分子底把、击针击发式半自动手枪，是以 HK P30 为基础加以研发的改进型。枪名中的 VP 意为 Volkspistole(人民手枪)，也意味着其继承了世界上第一把纯双动操作与聚合物底把的手枪 HK VP70 的地位。

基本参数	
口径	9 毫米
全长	186 毫米
枪管长	104 毫米
全高	137 毫米
枪口初速	415 米 / 秒
空枪重量	710 克
有效射程	50 米
弹容量	10/15 发

性能解析

VP9 是一把短后坐行程作用操作、闭膛待击半自动手枪。它使用了改良勃朗宁式无闭锁凸耳的枪机，而垂直倾斜枪管的设计也是来自 HK USP 系列自动装填手枪，以及最现代化的无闭锁凸耳半自动射击系统。钢制套筒左侧刻有 HK VP9 及其口径铭文。套筒座则是由聚合物材料制作，使得全枪质量较轻。

技术上，与 VP9 最接近的是 P30。P30 手枪是黑克勒 – 科赫在 2006 年推出的一款成功之作。VP9 的欧洲版分为两种版本，分别命名为 SFP9–SF 和 SFP9–TR。后者还设有一个加重扳机扣力和延长扳机复位行程的扳机，以符合德国警用手枪的标准。

VP9装有非常灵巧的控制部件，借由安装在扳机护圈附近两侧的双桨式弹匣释放卡榫，和装在枪身右侧的延长型空枪挂机杆释放杆。除了右手，左手控制枪械也能实现灵活操作。而两手皆可让拇指舒服地操作，进而快速识别弹尽和更换弹匣。

总体设计

VP9手枪采用黑克勒－科赫常用的多边形膛线枪管，以钢材、冷锻法和镀铬工艺制造出来的枪管具有多边形的轮廓，枪管内制6条右旋膛线，膛线缠距为1∶9.8。该枪管与P30手枪枪管一样采用火炮级别的钢材冷锻制造，足以确保使用寿命。而且测试证明，P30枪管寿命超过90 000发子弹，推断新枪的使用寿命不低于90 000发。套筒则是由硝酸渗碳制成的钢材所制成，十分坚硬。VP9亦跟随着最近的现代手枪设计趋势，大量地采用耐高温、耐磨损的聚合物及钢材混合材料以减轻全枪重量和生产成本。

主要金属成分，比如钢制套筒都经过氮化保护表面处理。黑克勒－科赫指出这种表面的HE(Hostile Environment，恶劣环境)处理，硝基气体渗碳，产生的黑色氧化膜，是极其坚硬的。它能够使手枪抗磨损和腐蚀，包括避免接触海水，这种处理使得它特别适合作为个人隐蔽携带的手枪。而高聚氯乙烯耐处理并可以减少手枪受到汗水的影响。

意大利伯莱塔 8000 手枪

伯莱塔 8000“美洲狮”系列手枪（英语：Beretta 8000 Cougar）是由意大利伯莱塔研制及生产的半自动手枪。它最初研制的时候是发射在当时最新型的 .40 S&W 子弹。后来还生产了其他口径版本，如 9×19 毫米、.357 SIG 和 .45 ACP。这些手枪可以随身携带，又便于隐藏，适合执法机关和民间自卫的用途。

性能解析

基本参数	
口径	9 毫米
全长	180 毫米
枪管长	92 毫米
全高	140 毫米
空枪重量	92 克
有效射程	50 米
弹容量	13/15 发

伯莱塔 8000 系列手枪是一支枪管短行程后坐作用和后膛装填操作式半自动手枪。这种手枪使用了一种相对罕见的枪管偏转式闭锁系统，枪管会在套筒后坐时紧随着导槽旋转以使枪管本身开锁。枪管会因为安装在其底部的复进簧导杆上的一个销子装置和在钢制枪身内的凹式导槽控制它而旋转。其枪身是由轻质的铝合金所制造。美洲豹手枪的基本型号是 F 型，具有双动操作扳机、外置式击锤、位于套筒而且两手皆可灵巧操作的安全 / 待击解脱杆。另一种型号就是 D 型，具有纯双动操作扳机，因而配备内置式击锤和没有安全 / 待击解脱杆。

美洲狮手枪的 9×19 毫米、9×21 毫米 IMI、.40 S&W 和 .357 SIG 口径型号皆使用双排弹匣，而 .45 ACP 口径型号的衍生型则使用单排弹匣。但美洲狮手枪的缺点是握把的倾斜角小，这个人体工程学的问题不利于瞄准。

意大利伯莱塔 9000 手枪

伯莱塔 9000(英语：Beretta 9000)是由意大利伯莱塔在 2002 年研制及生产的现代化紧凑型尺寸系列半自动手枪。它主要用于民间自卫。发射9×19毫米、9×21 毫米 IMI 和 .40 S&W 这三种手枪子弹。

基本参数	
口径	9 毫米
全长	168 毫米
枪管长	88 毫米
全高	122 毫米
枪口初速	350 米 / 秒
空枪重量	730 克
有效射程	80 米
弹容量	12 发

性能解析

伯莱塔 9000 手枪是一种高分子聚合物握把、底把及套筒座的设计，保留了传统型开放式顶部与采用现代化材料的套筒造型。伯莱塔 9000 也是伯莱塔首支使用工程塑料制造底把的武器，以减少总重量。该枪是发射 9×19 毫米或是 .40S&W 手枪子弹，按照其口径可以装填 10 或 12 发容量的弹匣。它也可装上一个适配器，让其使用更高容量的伯莱塔 90 手枪系列弹匣。一些弹匣上都配有一个可调节的指支托板，大型手掌使用时可以伸出，而小型手掌使用时可以缩小。武器有固定的瞄准具，不过如果需要的话，也可以改为夜间瞄准具。

有不少证据证明，伯莱塔 9000 作为武器的火力强大，性能可靠，加上重量较轻和价格便宜，都提升了其竞争力，并且在立即推出后得到了一段时间的流行，特别是民用市场和意大利的保安公司方面。然而，它的尺寸问题与市场上其他替代性武器相比仍然相当显著，如长度已经缩短，但却过厚，特别是握把，导致全枪平衡性差。因此，它的市场交易量迅速下降，出现了商业上的失败，导致伯莱塔公司在 2006 年决定停止生产伯莱塔 9000 手枪。

意大利伯莱塔 Pico 手枪

伯莱塔 Pico(英语：Beretta Pico) 是由意大利的伯莱塔公司研制和生产的击针击发式袖珍型半自动手枪，发射 .380 ACP 手枪子弹。该枪是为了隐蔽携带而研制，它的重量轻，体积小，非常适合隐蔽。Pico 是专为民用枪械的商业市场而研制，而不是在军事用途上使用。

基本参数	
口径	9 毫米
全长	129.54 毫米
枪管长	70 毫米
全高	100 毫米
空枪重量	326 克
弹容量	6 发

性能解析

伯莱塔 Pico 发射 .380 ACP 手枪子弹，这种子弹比 9×19 毫米鲁格弹更小，并保持该枪的重量和尺寸至最小。.380ACP 一直被视为“并不适合提供适当的实穿力的战斗”，但却被认为“适合自卫的情况下使用”。因此，它一直是隐蔽携带型手枪的一个可行选择。这种子弹不会产生过大的后坐力，并让伯莱塔 Pico 保持一个高度可控性。

伯莱塔 Pico 的尺寸为长 129.54 毫米，宽 18 毫米 (0.725 英寸，相当于普通人拇指的宽度)、高 100 毫米 (3.94 英寸)；枪管长度为 70 毫米 (2.76 英寸)，手枪空枪重量为 326.02 克 (11.5 盎司，0.72 磅)，可以说是非常轻巧。伯莱塔 Pico 是枪管短行程后坐作用自动方式及纯双动操作扳机 (DAO) 手枪。它的底把是由聚合物所制造，最大限度地减少重量，并提供舒适的握持感。套筒的大部分是由不锈钢制成的。伯莱塔 Pico 也被设计为“无铆钉”的设计以确保从枪套平稳快速地抽出。伯莱塔 Pico 的可拆卸式弹匣容量为 6 发；膛室内也可装填一发。

380 AUTO
MADE IN USA
WARNING: RETRACT SLIDE TO SEE IF LOADED
FIRES WITHOUT MAGAZINE READ MANUAL BEFORE USE
PC001154
Pico

意大利伯莱塔 BU9 Nano 手枪

伯莱塔 BU9 Nano(英语：Beretta BU9 Nano) 是由意大利伯莱塔公司在美国马里兰州阿科基克市工厂针对个人防卫和执法机关使用而生产的击针击发式袖珍型半自动手枪，其最初的设计是以 .40 S&W 子弹来研制。但最初推出的版本是采用 9×19 毫米子弹，自 2011 年 10 月起向市场推出，发射 9×19 毫米和 .40 S&W 这两种手枪子弹。

基本参数	
口径	9 毫米
全长	142.24 毫米
枪管长	77.98 毫米
全高	105.92 毫米
弹容量	6/8 发

性能解析

伯莱塔 BU9 Nano 是一把为隐蔽携带而设计的紧凑型枪械。它具有一个的高科技聚合物底把和 Pronox 表面处理的套筒。Pronox 是一个类似于特尼弗 (Tenifer，在其中包括格洛克和春田 XD 系列手枪上使用) 和 Melonite(在其中包括史密斯威森 M&P 系列手枪上使用) 的氮化处理。它目前在加州是不可销售的。

BU9 Nano 的设计中具有与底把分离的连序列号底盘，这是在 SIG Sauer

P250系列手枪上也可以发现的不寻常功能。这样容许伯莱塔在未来提供额外的底把，允许多种握把和颜色选择。底盘是可拆卸的，而且可以装在替代底把上。

由于设计上被用来作为一款隐蔽携带型武器，Nano没有外置式套筒锁或空枪挂机解脱杆。此外，Nano也没有外置式手动保险。没有这些突出的控制组件，让使用者在某些需要一个快速而干净利落地抽出手枪的场合或情况下，减少武器与服装丝线钩挂的可能性。套筒锁在该枪的弹匣打空以后就在后方的位置。然后必须将一个装填的弹匣装上，或是拆卸空弹匣，而套筒也必须向后拉以令套筒完成循环。

瑞士 SIG P227 手枪

SIG P227 是一把由德国枪械公司西格 & 绍尔研制及生产的一把全尺寸军用型半自动手枪，是 SIG P226 的 .45 ACP 口径手枪子弹版本。该枪在 2013 年第 35 届 SHOT Show(美国著名枪展) 上首次推出，以图与市场上的大弹匣容量 .45 ACP 口径手枪竞争，并且取代因弹匣容量小而令销售量日渐萎缩的 SIG P220。

基本参数	
口径	11.43 毫米
全长	205.74 毫米
枪管长	111.76 毫米
全重	992.23 克
全高	147.32 毫米
弹容量	10/14 发

性能解析

虽然 SIG P227 与另一把半自动手枪 SIG P220(其中一个口径) 同为 SIG 较少数的 .45 ACP 口径手枪，但是两者并不可相混淆。P220 与 P227 的主要区别是：P220 的设计就像 P225 般，只能装上单排弹匣；而 P227 的设计却像 P226 般，装上的是双排弹匣。其枪身是由硬质阳极氧化底把加上使用 Nitron 涂层表面处理的铣削工艺不锈钢套筒所组成的。

总体设计

P227 采用枪管短行程后坐作用的自动操作方式。发射时会使枪管和套筒闭锁一起同时向后运动，并且在后坐一段距离以后，枪管在开锁机构作用下尾端下降，与套筒脱开并且停止后坐，而套筒则继续后坐，完成抽壳、抛壳等动作。当套筒后坐到位以后，会在复进簧的作用下复进，并将下一发子弹从弹匣中抽离并推入膛室。套筒复进到位以后，再次与枪管闭锁在一起。

P227 也是一把采用双 / 单动操作式击发机构的手枪，首发为双动操作，扳机扣力约 45 牛顿 (10 磅力)；后续的射击变为单动操作，这时扣力则降为约 20 牛顿 (4.4 磅力)。

除了 Nitron 型和便携 Nitron 型采用传统厚型扳机外，其他都采用了 SIG P226 E2 型和 P229 E2 型上使用的缩小轮廓型扳机，使手形比较小的射手能够有效地扣动扳机。

P227 部分型号具有快速复位扳机 (Short Reset Trigger，SRT) 系统，使扳机回复原位的速度加快了 60%，进而使得重复射击既快又准。扳机复位时除了能够听到细微的“咔嗒”声之外，手指也会有感觉。

外露式击锤虽然尺寸有点小，但尾端设有短粗锯齿，使得手动待击也较容易操作。当击锤处在击发位置时采用双动击发；处在待击位置时则为单动击发。

瑞士 SIG Mosquito 手枪

SIG“蚊子”（英语：SIG Sauer Mosquito；以下简称为“蚊子”）手枪是一把由德国枪械公司西格 & 绍尔研制、德国运动枪有限公司生产的等比例缩小型反冲作用式半自动手枪，是以 SIG P226 为蓝本并将尺寸缩小 10% 的版本，发射 .22 LR 口径手枪子弹。

基本参数	
口径	5.59 毫米
全长	182.88 毫米
枪管长	99.06 毫米
全高	134.62 毫米
空枪重量	697 克
弹容量	10 发

性能解析

“蚊子”手枪是由铝锌合金套筒和聚合物底把所制造。这些控件都类似于在全尺寸型号上所出现的，包括（从前到后）左侧分解杆、左侧待击解脱杆、可反转安装式弹匣释放按钮和双手灵巧的手动保险装置。此外，该手枪上设置有一个设在弹匣插槽后部的整体式保险锁，上锁时能够防止套筒前后复进、击锤降下，以及扳机动作。该手枪有 5 种不同的配置可供选择：标准型号、运动型、螺纹枪管型、春分型（双色调型）和倒转春分型（倒转双色调型），和另外 4 个具有不同颜色的特殊版本。

“蚊子”手枪全部型号均在套筒下、底把的扳机护圈前方的防尘盖整合了一条战术灯安装导轨，以安装各种战术灯、激光瞄准器和其他战术配件。

除了额外的弹匣和枪套，其附件导轨使得可以安装战术灯和/或激光瞄准器。“蚊子”的可选附件中还包括聚合物桥状瞄准镜安装支架，也是借由其附件导轨装上，使得它可以安装红点瞄准镜或其他光学附件。

安装了瞄准镜导轨和红点镜的 SIG Mosquito 手枪

瑞士 SIG P224 手枪

SIG P224 是一把由德国枪械公司西格 & 绍尔研制及生产的一把袖珍型军用型半自动手枪，是 SIG P229 手枪的袖珍型版本，发射 9×19 毫米、.40 S&W 和 .357 SIG 三种手枪子弹。

基本参数	
口径	9 毫米
全长	170.18 毫米
枪管长	88.9 毫米
全高	114.3 毫米
弹容量	10/12/13/15 发

性能解析

P224 与 SIG 经典手枪系列的其他成员一样，采用了由约翰·勃朗宁首创的后膛闭锁枪管短行程后坐作用模式以使全枪运作。在射击时，套筒和枪管锁在一起并且向后移动几毫米，枪管会向后移直到后方的铰链时使后膛向下倾斜。这个时候，子弹已经离开枪管，而压力亦已经下降到安全水平。在这种情况下，套筒已完成向后行程，并以抛弹口退出弹壳。然后复进簧（又称反冲弹簧）会向前推动套筒，从弹匣上取出最顶部的一发并让枪管后膛向上回复水平同时向前运动几毫米，再将套筒和枪管一起闭锁。

与其他勃朗宁型武器（诸如柯尔特 M1911A1、勃朗宁大威力手枪和

CZ–75)以枪管和套筒之间的闭锁锁耳和凹槽的相互扣合以实现闭锁相反的是，P224使用加大的枪管后膛节套在抛壳口内闭锁使枪管和套筒得以闭锁在一起。这个由SIG所发明的一个修改过的闭锁系统与原来由勃朗宁研制的闭锁系统相比并没有任何功能上的缺点，而且目前已经被众多枪械制造商所仿制。

P224在好几个方面与其全尺寸型P226都有不同之处。P224与P229一样是在推出同时可以装填.357 SIG口径手枪子弹的手枪。P226和P228都采用了铝合金制底把和冲压成形碳钢制套筒制造。而P224则是采用了数控加工不锈钢棒铣削不锈钢机加成形套筒，一般涂为全黑色并且使用Nitron涂层表面处理。P224就是在推出时使用铣削不锈钢制套筒，使它可以承受由.357 SIG和.40 S&W两种口径手枪子弹所造成的更高套筒后坐速度和后坐力。虽然这样会使手动拉后套筒变得困难得多，不过采用铣削不锈钢制套筒(加上在美国西格&绍尔工厂的新铣削和不锈钢生产能力)与坚硬的标准重量复进簧使这轻微缺点更有意义。

瑞士 SIG P238 手枪

SIG P238 是一把由德国枪械公司西格 & 绍尔研制及生产的袖珍型单动式半自动手枪，并在 2009 年 SHOT Show（美国著名枪展）上首度展出，发射 .380 ACP 手枪子弹。

基本参数	
口径	9 毫米
全长	139.7 毫米
枪管长	68.58 毫米
全高	99.06 毫米
弹容量	6/7 发

性能解析

SIG P238 是柯尔特野马手枪的西格 & 绍尔生产型版本，并采用了西格 & 绍尔经典的倾斜式锯齿状突起防滑纹型套筒和扳机护圈下方的手指凹槽。握把侧板是由凹槽型聚合物所制造，使这把全金属制底把枪械可以与同口径类别的塑料底把手枪，如鲁格 LCP 和 Kel-Tec P-3AT 竞争。

P238 配有铝制底把和不锈钢套筒。最初的 P238 手枪分为标准瞄准具，以及作为选择更昂贵的夜间瞄准具。然而，目前生产的所有型号都将夜间瞄准具视作标准配备。从 2012 年开始，许多衍生型具有标准或是作为选择的灵巧拇指保险。

2009 年推出市场的 P238 为哑光黑色表面处理，并且采用了磨砂银色套筒和黑色底把的双色调表面处理。从那时起，SIG 绍尔已经产生若干的衍生型，其中包括一些短期纪念型版本。当中的一些衍生型为使用各种表面处理的版本，使用不锈钢底把和不同的握把和装饰。

瑞士 SIG P938 手枪

SIG P938 是一把由德国枪械公司西格 & 绍尔研制及生产的袖珍型单动型半自动手枪，并在 2012 年 SHOT Show(美国著名枪展)上首度展出，是 SIG P238 手枪的 9×19 毫米口径版本。

基本参数	
口径	9 毫米
全长	149.86 毫米
枪管长	76.2 毫米
全高	99.06 毫米
弹容量	6/7 发

性能解析

SIG P938 是 SIG P238 及其前身柯尔特野马(都是 .380 ACP)袖珍手枪的稍微加大版本。与其他许多 9 毫米袖珍手枪不同，其底把为金属制造。所有 P938 型号所采用的是阳极氧化铝合金底把，而套筒是由不锈钢制造并有着裸露或 SIG 的 Nitron 涂层两种表面处理。扳机扣力固定在 7.5 ~ 8.5 磅。

SIG P938 有三款握把护板，分别是木制握把、霍格极限型 G-10 复合材料制握把或是在“运动”型号时包裹握把周围的黑色橡胶制握把。

P938 手枪的齐平适型弹匣的容量为 6 发，另外原厂也提供 7 发延长底座型弹匣，后者设有底托以便于握持。

总体设计

P938 手枪呈 U 形的握把护板将握把的前端及左右两侧全部包裹住。护板

两侧制有大型颗粒的麻点型防滑纹，能在手心出汗的情况下保持良好的握持。握把护板前方、扳机护圈之下也设有让手指休息的手指凹槽，完全按照手指的形状设计。而未被握把护板包裹住的握把后部下方则设有波浪状防滑纹。这些设计均使握持握把时非常牢固、舒适，人机工效较好。

P938 手枪的弹匣卡榫位于握把左侧、扳机护圈后方，弹匣卡榫上也设有竖条状防滑纹以确保操作确实。位于套筒座左侧的枪身分解杆兼作空枪挂机杆，平时的空枪挂机杆处于下方位置。当打光弹匣内的子弹以后，套筒后坐到位时，弹匣托弹板将空枪挂机杆后端向上抬起，空枪挂机杆后端上部突起部卡入套筒前部空枪挂机槽以内，将套筒阻于后方位置呈空枪挂机状态，提示使用者需要更换弹匣。装上新弹匣以后，将空枪挂机杆后端向下扳动，或是直接向后拉一下套筒并松开，即可解脱空枪挂机状态；套筒复进时将弹匣最上方一发子弹推入膛室并且闭锁，完成下一发子弹的射击准备。

P938 手枪的机械瞄具为前方片状准星及后方缺口式照门所组成的 SIGLITE 三点式准星。为了便于光线昏暗条件下瞄准，其准星和照门后方均装有氚光管。

美国 ASP 手枪

ASP 是一种由美国枪械设计师帕里斯·西奥多研制的改装型半自动手枪，该枪是以史密斯－韦森 M39 手枪作为基础。

基本参数	
口径	9 毫米
全长	173 毫米
枪管长	83 毫米
全重	680 克
弹容量	7 发

性能解析

ASP 手枪结构紧凑，它能够方便地隐蔽携带以及能够让使用者快速拔枪。该枪以史密斯－韦森 M39 作为原型，并缩短了其枪管和滑套的长度以及重新设计了握把及扳机护圈。它的握把护片也被改为半透明以方便射手快速检视剩余弹量。该枪采用独特的“流浪者”（英语：Guttersnipe）照准系统，其原理是一个缩小的 U 形槽与黄色的荧光板，它会形成 3 个三角形，当准星被准确地对齐的同时也会对准目标。基于其独特的照准系统设计，此枪是没有前准星的。ASP 在 1983 年停产，但在 2000 年以 ASP 2000 的名称重新恢复生产，直至现在。

比利时 FN FNS 手枪

FN FNS 是由比利时国营赫斯塔尔 (Fabrique Nationale，FN) 旗下、位于南卡罗来纳州哥伦比亚的美国分公司 (FNH USA) 设计和生产的一系列半自动手枪。

性能解析

基本参数	
口径	9 毫米
全长	184.15 毫米
枪管长	101.6 毫米
全重	138.43 克
弹容量	10/17 发

FNS 手枪具有聚合物制造的底把，和有不锈钢和聚合物两种可以选择的套筒。这种手枪在 2011 年推出，并在 2012 年的 SHOT Show(美国著名枪展) 上首次亮相。发射 9 毫米鲁格弹和 .40 S&W 两种手枪子弹。FNS 也具有类似于 FNX 的人体工程学设计，但是采用了双动操作扳机 (DA)、击针发射功能。

正如其他的 FN 手枪，FNS 是一个枪管短行程后坐作用操作的手枪。它是一个预设撞针发射式半自动手枪，这意味着其扳机系统属于击锤内置式短行程纯双动操作 (DAO) 型。扳机扣力为 25 牛顿 (5.62 磅力) 至 35 牛顿 (7.87 磅力)。

所有的衍生型还具有一根锤锻式不锈钢枪管、MIL-STD-1913 战术导轨、固定三点式战斗瞄具和装在右侧的上膛指示器。

美国春田 XD-S 手枪

春田 XD-S(英语：Springfield Armory XD-S；XD-S，全称：X-treme Duty-Slimline) 是一系列由克罗地亚枪械制造商 HS Produkt 公司（前称：I.M. 金属工厂，目前也生产 VHS 突击步枪）研制的聚合物底把和击针发射的半自动手枪。它们与其前辈 HS2000 手枪（即是在美国最广为人知的春田 XD) 极为相似，同样由克罗地亚卡尔洛瓦茨的 HS Produkt 公司设计和生产。而此枪的称呼春田 XD-S 手枪就是 HS Produkt 公司授权春田公司生产以后，春田公司在美国商业市场上出售的名称。

基本参数	
口径	9 毫米
全长	160.02 毫米
枪管长	83.82 毫米
全重	101.6 克
枪口初速	260 米 / 秒
有效射程	80 米
弹容量	6/7/8/9 发

性能解析

春田 XD-S 是一把聚合物底把、钢制嵌件并具有配件安装导轨的短后坐行程作用和击针发射式半自动手枪。春田 XD-S 最初只有 .45 ACP 口径型，后来再推出 9×19 毫米和 .40 S&W 口径型。春田 XD-S 不但改善了春田 XD 的缺点，而且对其外表进行了重新设计，加大了其枪身，以达到更符合潮流的形象。它的外表除了比原来的 XD 手

枪更为美观，尤其是“全地形”前半凹陷内加线条及大小格子握把表面图案，在握把上的每个轮廓的角度和深度也已经过充分计算，令垂直、水平和扭转的控制最大化。所有 XD-S 手枪具有握把和扳机保险机构，枪身顶部、枪管后方的上膛指示器以及比赛等级枪管。

在套筒下方、底把的扳机护圈前方的防尘盖整合了一条短小的 MIL-STD-1913 式战术灯安装导轨（与春田 XD 袖珍型手枪一样仅有一条横向凹槽），足以安装各种较小的战术灯、激光瞄准器和其他战术配件，如 Viridian C5 激光瞄准器。使用的缺口式照门为夜间用瞄准具，而准星则是红色光纤准星。握把也得到改进，将其略为缩小、表面的纹理由粗糙表面改为前半凹陷内加线条及大小格子表面以及将握把顶端的凹槽向扳机护圈方向延长为沟槽。除此以外，握把为可以换装 2 种大小格子表面的可更换式后方握把片的模块化设计，有小型和大型 2 种尺寸。

XD-S 是 XD 手枪系列唯一一种的瘦身手枪型号，机匣、套筒及枪管的尺寸与其他型号不同。春田 XD-S 采用了一根 3.3 英寸 (83.82 毫米) 或 4 英寸 (102.5 毫米) 的短枪管，枪身宽度只有 25.4 毫米 (1 英寸)，套筒宽度更只有 22.86 毫米 (0.9 英寸)，按照公司的说法是“极尽苗条之致”。最初只适用于 .45 ACP 口径，专门为隐蔽携带而设计的。

美国 STI 5.0 手枪

STI 5.0 战术型手枪是由美国 STI 国际公司 (STI International) 设计和生产的 1911 样式半自动手枪。

基本参数	
口径	9 毫米
全长	215.9 毫米
弹容量	17/20/26 发

性能解析

STI 5.0 战术型手枪是以著名的 M1911 手枪作为原型而设计的半自动手枪，有 9 毫米、.40 和 .45 三种口径可供选择。它的模组化套筒是由钢制成的，握把则为聚合物制成品，这种设计是对应高容量弹匣的必要元素。该枪的其中一个优点是能够使用多种不同容量的弹匣供弹。当然这也要根据握把的长度和厚度而定。另一个优点是即使用了高容量弹匣也不会令握把显得过大及笨重从而降低机动性。还有精度高也是此枪的一个优点。另外，此枪附有战术导轨，能够对应如战术灯、激光灯等战术配件。

据称，STI 5.0 战术型手枪是一款多用途手枪，它非常适合从警察到特警队等执法部门使用，同时也适合给平民用作防身用途。

第3章 全自动手枪

全自动手枪常被称为冲锋手枪、突击手枪、机关手枪，是一种用途类似冲锋枪、可全自动发射的手枪。全自动手枪以弹匣（少部分也可以使用弹鼓）供弹，可连发或三发点连发，尺寸和较大型的普通手枪相似。可单手作单发射击；在连发时多是双手握持并配上枪托。

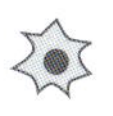

比利时 FN P90 手枪

P90 手枪是比利时 FN 公司于 1990 年推出的一款全自动手枪，属于个人防卫武器，全名是 Project 90，即 20 世纪 90 年代的武器专项。值得一提的是，P90 手枪是世界上第一支使用了全新弹药的个人防卫武器。

基本参数	
口径	5.7 毫米
全长	500 毫米
枪管长	263 毫米
空枪重量	2.54 千克
有效射程	150 米
枪口初速	900 米 / 秒
弹容量	50 发

性能解析

P90 手枪能够有限度地同时取代半自动手枪、冲锋枪及短管突击步枪等枪械，它使用的 SS190(5.7×28 毫米) 子弹能把后坐力降至低于手枪，而穿透力还能有效击穿手枪不能击穿的、具有四级甚至五级防护能力的防弹背心等个人防护装备。

P90 手枪的枪身重心靠近握把，有利于单手操作并灵活地改变指向。经过精心设计的抛弹口，可确保各种射击姿势下抛出的弹壳都不会影响射击。水平弹匣使得 P90 手枪的高度大大减小，卧姿射击时可以尽量俯低。此外，P90 手枪的分解非常容易，经简单训练就可在 15 秒内完成大部分分解，以方便保养和维护。

总体设计

P90 独特的外形是建基于深入的人机工程学研究：握把类似竞赛用枪的设计，让扣把的手可以与头部靠近的同时保持舒适，最前方垂直向下的凸起物用作防止副手射击时意外地伸到枪口，圆滑的外观也减少了意外被衣服之类绊住的机会。设计 P90 时，因考虑到要在狭窄环境中通过、使用 (如装甲车辆内部)，P90 长度被设计为不长于一个人肩膀的宽度 (0.5m)，因此采用无托结构 (犊牛式，Bullpup) 的设计 (也即枪机藏后枪托内，而进弹位则在握把后方)，目的是保留枪管长度的同时，尽量把枪身缩短。P90 枪身全长只有 50 厘米，但枪管仍有 263 毫米长，较长的枪管让子弹加速时间较长、弹速较高，有助于提高射程及穿透力。采用无托结构后还有其他附带优点：枪身重心部置靠近握把及较贴近射手，因此有利于单手操作及可更快速灵活地改变指向。固定枪托在突发情况下也提高了反应速度及射击精度。

德国 HK MP7 手枪

MP7 手枪是由德国 HK 公司设计生产的一款全自动手枪，适用于室内近身作战及要员保护，使用者主要是警察、特警及特种部队。

性能解析

基本参数	
口径	4.6 毫米
全长	638 毫米
枪管长	180 毫米
空枪重量	1900 克
有效射程	200 米
枪口初速	742.81 米 / 秒
弹容量	20/30/40 发

MP7 手枪大量采用塑料作为枪身主要材料，瞄准方式则采用折叠式的准星照门，不过也在上机匣装上了标准的 M1913 导轨，允许使用者自行加装各式瞄具。该手枪可选择单发或全自动发射，弹匣释放钮设计与 HK USP 相似。此外，为该手枪特制的消声器不会因为枪支消声而降低精确度、穿透力及射速。全枪只由 3 颗销钉固定，射手只需用枪弹作为工具就可以完成 MP7 手枪的大部分分解。

MP7 手枪采用 4.6×30 毫米口径子弹，该弹是以早年的实验性 HK36 突击步枪的 4.6×36 毫米口径弹药缩短而成。这种弹药有极轻的重量和低后坐力的优点，比 9 毫米口径的子弹威力更大，可有效地提供足够的穿透力，而且后坐力很小，有效射程也较远，只是杀伤力不太够。

总体设计

MP7 的人机工效较好，在结构设计上十分注重可操作性，快慢机、弹匣扣、枪机保险等均能左右手操作。除更换弹匣外，整个操枪射击过程完全可以由单手完成。MP7 冲锋枪野外分解结合方便，全枪仅由 3 个销钉固定。只要有枪弹作为“工具”，用弹尖顶出固定上、下机匣和枪托组件的固定销即可分解擦拭。

MP7 冲锋枪采用伸缩式枪托，枪托可通过 2 个半圆形导杆在机匣内运动，最大伸长长度可达 195 毫米。快慢机有 3 个位置，单发、连发和保险位置。前方小握把可折叠，其内侧有可移动的卡销。不需要小握把时，把它折叠到枪管下面，使用时，后拉卡销，小握把便自动弹起。

MP7 冲锋枪枪口处有螺纹，平时安装消焰器，也可安装消声器作为微声冲锋枪使用，微声效果与 MP5 冲锋枪相当。

美国 KF-9-AMP 手枪

KF-9-AMP 手枪是由美国武器研究协会 (Arms Research Associates,US) 生产的一款全自动手枪，能有效杀伤近距离有生目标。

性能解析

基本参数	
口径	9 毫米
全长	603 毫米
枪管长	76.2 毫米
空枪重量	1130 克
有效射程	200 米
枪口初速	380 米 / 秒
弹容量	20/36/60/108 发

KF-9-AMP 手枪采用自由枪机式工作原理，开膛待击。枪管采用不锈钢或铬钼钢制成，机匣、枪托、弹匣均采用冲压件。通过更换枪机复进簧可以调整射速，以取得最佳射击效果。枪机拉机柄可根据需要设在机匣的左侧和右侧，拉机柄进入机柄槽内后方的保险缺口可使武器处于保险状态，应急射击中解脱保险方便、迅速。枪管口部，可以配装膛口制退器或消声器。枪托为金属框架折叠枪托，向左折叠后位于机匣左下侧，非常适合在狭小的空间内使用。另外，该手枪采用由固定的片状准星和缺口照门组成的机械瞄准具，也可配用光学瞄准镜。

总体设计

KF-AMP 系列手枪均采用自由枪机式工作原理，开膛待击。枪管采用不锈钢或铬钼钢制成，机匣、枪托、弹匣均采用冲压件。通过更换枪机复进簧可以调整射速，以取得最佳射击效果。枪机拉机柄可根据需要设在机匣的左侧或右侧。拉机柄进入机柄槽内后方的保险缺口可使武器处于保险状态，应急射击中解脱保险方便、迅速。枪管口部，可以配装膛口制退器或消声器。枪托为金属框架折叠枪托，向左折叠后位于机匣左下侧，非常适合在狭小的空间内使用。

俄罗斯斯捷奇金 APS 手枪

APS 手枪是由苏联枪械设计师伊戈尔·斯捷奇金设计、图拉兵工厂生产的一款全自动手枪，于 1951 年与 PM 手枪一起被苏联军队采用。

性能解析

基本参数	
口径	9 毫米
全长	225 毫米
枪管长	140 毫米
空枪重量	1220 克
有效射程	50 米
枪口初速	340 米 / 秒
弹容量	20 发

APS 手枪采用简单的自由后坐式工作原理，结构类似于 PM 手枪，外露式击锤，双动扳机，复进簧套在枪管外，双排双进弹匣。为了在全自动射击时容易控制，APS 手枪在握把内安装了一个插棒式弹簧缓冲器，并把套筒后坐行程延长到相当于 PM 枪弹长度的 2 倍，使理论射速降低到每分钟 600 发。固定片状准星安装在套筒前方，缺口式照门的射程可调，表尺刻度有 25 米、50 米、100 米和 200 米。

为了进一步增大射程和提高全自动射击时的散布精度，APS 手枪采用了一种可驳接到手枪上充当枪托的硬壳式枪套。既可以通过腰带卡把枪套挂在腰上，也可以通过手枪握把尾端的引导槽驳接枪套，当作枪托使用。APS 手枪比起广泛装备的 PM 手枪有更好的精度和更大的弹容量，而且既能以半自动模式准确迅速地射击，也能在室内近战的紧急情形下进行全自动射击。现在尽管有更现代化和威力更大的手枪出现，如 GSh-18 手枪，但 APS 手枪却由于使用库存量足和价格便宜的 9×18 毫米手枪弹，以及良好的射击精度和较低的后坐力，直到现在仍然被俄罗斯的执法机构尤其是特种部队使用。

早期的枪托式枪套是木质的，后来改用棕色的工程塑料。由于原来的枪托式枪套太笨重，现在俄罗斯特种部队也采用了一些轻便的“开顶式”战术枪套，但不能驳接成枪托。

奥地利施泰尔 TMP 手枪

TMP 手枪 (TMP 是 Tactical Machine Pistol 的缩写，意为战术冲锋手枪）是奥地利施泰尔公司设计生产的一款全自动手枪，是一支可单手发射、兼有冲锋枪和手枪双重功能的武器。

基本参数	
口径	9 毫米
全长	282 毫米
枪管长	130 毫米
空枪重量	1300 克
有效射程	100 米
枪口初速	380 米 / 秒
弹容量	15/30 发

性能解析

TMP 手枪结构简单、操作简便，并且包含了冲锋枪和手枪两种武器性能。它由 41 个零部件组成，大部分零件采用塑料材质。该手枪采用管退式工作原理，枪机回转式闭锁方式，拉机柄设在武器后面表尺座的下面，向后拉便可使枪待击，利用双动扳机选择单、连发射击方式。当扳机位于第一个作用点时为单发，继续扣压扳机通过单发点后即为连发射击。

总体设计

TMP 手枪横闩式保险卡榫具有 3 个设定位置，即保险、单发和连发。当设定在中间位置时，扳机的运动受到限制，此时只能实施单发射击。TMP 配有前握把，并可在枪口处加装消声器。9 毫米特种用途手枪只能单发射击，而且没有前握把，其他结构与 TMP 相同。TMP 手枪采用机械瞄准具，由片状准星和缺口式照门表尺组成。

意大利伯莱塔 93R 手枪

93R 手枪是意大利伯莱塔公司设计生产的一款全自动手枪，采用单动式扳机设计，这是与 92 手枪最大的不同。

基本参数	
口径	9 毫米
全长	250 毫米
枪管长	157 毫米
空枪重量	1170 克
有效射程	50 米
枪口初速	375 米 / 秒
弹容量	15/20 发

性能解析

93R 手枪可选择单发或 3 发点射，所以比 92 手枪多出了一个射击选择钮，位置在拇指的上方。当选择钮对准上方的一个白点时，手枪只能射出 1 发子弹，对准下方的 3 个白点时，则可以 1100 发 / 分钟的射速打出 3 发子弹。3 发点射模式表面上看起来可以为 93R 手枪节省子弹、提高命中率，事实上却限制了它的火力。由于执法人员对此产品的评价一向不高，所以该手枪很难打入市场，现在早已停产。

总体设计

伯莱塔 93R 式手枪的自动方式与 92F 式手枪没有多大区别。93R 手枪在套筒左上方增加一个快慢机，可使其进行单发或 3 发点射射击。点射时，该枪可利用折叠枪托和小握把（位于扳机护圈前部）实施腰际夹持射击或抵肩射击，两种射击方式都能有效地控制手枪连发时的枪口剧烈跳动。同时，枪管口部的 3 个向上开口也能利用火药气体的反作用抑制枪口跳动。

奥地利格洛克 18 手枪

格洛克 18 手枪是由奥地利格洛克公司设计生产的一款全自动手枪，目前在世界多支特种部队服役，其中包括法国国家宪兵特勤队、英国特别空勤团、美国陆军“游骑兵”特种部队等。

基本参数	
口径	9 毫米
全长	186 毫米
枪管长	114 毫米
空枪重量	620 克
枪口初速	375 米 / 秒
弹容量	17/31/33 发

性能解析

格洛克 18 与半自动手枪格洛克 17 外形长度相同，最大的外观差别是前者套筒后部有快慢机。格洛克 18 手枪设置有在半自动和全自动切换的选择钮。选择钮负责释放第一道撞针的保险，当射手扣下扳机时立刻释放撞针来击发子弹。而当滑套往复运行时，因无第一道保险的限制而能全自动射击；向下为全自动模式，向上为单发模式。由于设计其射击控制机构极其简单，甚至没有增加减速机构，因此格洛克 18 手枪的理论射速极高，为每分钟 1300 发。格洛克 18 手枪标准弹匣装弹量为 17 发，也有 31/33 发的大容量弹匣，但不太常用。

总体设计

格洛克 18 式手枪的射击控制机构极其简单。在扳机拉杆上有一块向上凸起白金属片，当快慢机在全自动位置时，另一片金属块从套筒后方向下凸出。当套筒在射击循环中向前移动把下一发子弹推进弹膛时，只要与扳机拉杆上凸起的金属片接触，从而把扳机拉杆向下推，使扳机拉杆自动拉动压簧片，解脱击针打击下一发子弹。由于设计如此简单甚至没有增加减速机构，因此格洛克 18 的理论射速极高，为每分钟 1300 发。

捷克斯洛伐克 Vz.61 手枪

Vz.61 手枪是由捷克斯洛伐克扎斯塔瓦武器公司(Zastava Arms)生产的一款全自动手枪，除了在该国军警部队服役之外，还出口到数十个国家，其中包括阿富汗、安哥拉、伊拉克等。

基本参数	
口径	9 毫米
全长	270 毫米
枪管长	115 毫米
空枪重量	1300 克
有效射程	100 米
枪口初速	320 米 / 秒
弹容量	10/20 发

性能解析

Vz.61 手枪可点射、连射，连发射击时，可使用折叠钢丝枪托。与其配套的附件还有瞄准装置、消声器、臀挎手枪套、肩挎手枪套等。该手枪采用机械瞄准具，前方为柱形准星、后方为觇孔照门。Vz.61 手枪结构比较简单，采用传统的自由枪机式工作原理。枪身上装有一个射速减缓器，当枪机后坐到位时，枪机撞击拨弹轮使其绕轴销向上转动，撞击缓冲簧顶杆，解脱枪机，并开始击发。

总体设计

Vz.61 手枪运用了常见且简单的反冲作用和闭锁式枪机的机制，弹匣装在机匣底部，并配有一具可折叠式枪托。而它与其他冲锋枪最不同的地方在于：Vz.61 手枪有极为细小的尺寸，以闭锁式枪机运作的同时也以位于手枪握把内的降速器来降低全自动射击时的射速。

在全自动射击时，Vz.61 手枪会以每分钟 800 ~ 850 发的理论射速进行射击。其快慢机位于机匣左边后部，手枪握把的上方。它具有三个位置，“0”为保险模式、“1”为半自动射击模式，而“20”则为全自动射击模式。Vz.61 手枪弹匣容量通常为 20 发，但也有较小的 10 发容量可供选择。

德国毛瑟 C96 手枪

C96 手枪是由德国毛瑟公司设计生产的一款全自动手枪，又称驳壳枪，因其枪套是一个木质的盒子，所以在中国被称为“盒子炮”或“匣子枪”。

性能解析

基本参数	
口径	7.63/9 毫米
全长	288 毫米
枪管长	140 毫米
空枪重量	1130 克
有效射程	100 米
枪口初速	425 米 / 秒
弹容量	6/10/20/40 发

C96 手枪在大量生产的 40 年历史中，少有改进。这并不是说毛瑟兵工厂不重视，而是因为原始设计已经很完美。C96 手枪是丑得可爱的标准典型，而“丑”的背后是让人惊叹的神奇——整支枪没有使用一颗螺丝或插销，却做到了所有零件严丝合缝，其构造让现代手枪也为之汗颜。

C96 手枪在击发时，后坐力使得枪管兼滑套及枪机向后运动，此时枪膛仍然是在闭锁状态。由于闭锁榫前方是钩在主弹簧上，因此有一小段自由行程。由于闭锁机组上方的凹槽，迫使闭锁榫向后运动时，只能顺时针向下倾斜，因此脱出了枪机凹槽。此时枪管兼滑套因为闭锁榫仍套在其下，后退停止。枪机则因为闭锁榫脱出，得以自由行动，完成抛壳等动作，最后因力量用尽，复进簧将枪机推回、上弹，回复到待击状态。

C96 手枪非常有趣的一项特色是它的枪套。由于枪套是木质盒子，将其倒装在握柄后，立即转变为一支冲锋枪，成为肩射武器，这是当时非常流行的做法。

第4章 左轮手枪

左轮手枪其转轮一般有6个弹仓，也有少至4个、多达12个弹仓的设计。转轮为了配合多数人使用右手的习惯，多为向左90°转出弹仓以装填弹药。因此，中文常称其为左轮手枪，其实原名称为转轮手枪，与左右无任何关联。

美国柯尔特“骑兵”左轮手枪

“骑兵”(Dragoon)左轮手枪是由著名枪械设计师塞缪尔·柯尔特于1848年研制的，并成为美国陆军的制式手枪。研制该手枪的目的是取代问题较多的“沃克”(Walker)左轮手枪。

“骑兵”左轮手枪虽然是在美墨战争后研制的，但一直到美国南北战争期间才开始真正地普及。

基本参数	
口径	11.17毫米
全长	375毫米
枪管长	190毫米
空枪重量	1920克
有效射程	50米
枪口初速	259米/秒
弹容量	6发

美国M1851“海军”左轮手枪

M1851“海军”(1851 Navy)左轮手枪是由塞缪尔·柯尔特于1847—1850年期间研制的，一直持续生产至1873年，后逐渐被使用金属弹药的手枪所取代。

除在美国生产外，M1851“海军”左轮手枪也曾在英国伦敦生产，并被命名为“柯尔特M1851海军伦敦型”。另外，该手枪也曾出口到一些欧洲国家以及加拿大，并在一些战役中投入使用。

M1851“海军”左轮手枪可装弹6发，较特别的是，它的弹巢上刻有得克萨斯州海军在1843年一场战役上的胜利情景。相比起其前任“骑兵”左轮手枪，M1851“海军”手枪有着更轻巧的“体重”。

基本参数	
口径	9.14毫米
全长	330毫米
枪管长	190毫米
空枪重量	1200克
有效射程	50米
弹容量	6发

美国柯尔特 M1917 左轮手枪

美国 M1917 左轮手枪由柯尔特公司于 1917 年生产，采用半月形弹匣，无底缘手枪弹，枪架与弹巢间间隙较大。该手枪主要用作射击训练，在民用市场比较常见，而且在一战后期大量装备于美军。

总体设计

基本参数	
口径	11.43 毫米
全长	270 毫米
枪管长	140 毫米
空枪重量	1140 克
枪口初速	231.7 米 / 秒
有效射程	50 米
弹容量	6 发

柯尔特 M1917 左轮手枪基本上与 M1909 是相同的，只是修改弹巢膛径以适应 .45 ACP 子弹，并可使用半月夹（左轮手枪专用配件）以保持无缘底板式子弹于弹巢内的位置。早期型柯尔特生产的左轮手枪，在没有半月夹的情况下企图发射 .45 ACP 子弹的话是不可靠的，因为子弹会在弹巢内前后滑动、不易定位，因而远离击针。后来生产的柯尔特 M1917 左轮手枪已经能够在弹巢膛室部进行壳头间隙加工，就像史密斯 – 韦森 M1917 左轮手枪的从一开始就具有。较新型的柯尔特所生产的可以在没有半月夹的情况下发射，但空弹壳却不得不使用一些设备如清洁棒或铅笔来弹出，因为弹巢抽壳钩和抛壳顶杆将越过无缘底板式子弹的底缘。

美国柯尔特“蟒蛇”左轮手枪

“蟒蛇”(Python)左轮手枪是由柯尔特公司设计生产的，虽然已经停产，但知名度和影响力巨大，其声誉是来自准确性、顺畅而且很容易扣下的扳机和较紧密的弹仓闭锁。

基本参数	
口径	9毫米
全长	203毫米
枪管长	63毫米
空枪重量	935.5克
枪口初速	400米/秒
弹容量	6发

性能解析

最初的“蟒蛇”左轮手枪有皇家蓝色和镀光亮镍两种颜色，之后又推出了不锈钢和皇家蓝色。“蟒蛇”左轮手枪的扳机在完全扳上时，弹巢会闭锁以便于撞击子弹底火，在弹巢和击锤之间相差的距离较短，使扣下扳机和发射之间的距离缩短，以提高射击精度和速度。

“蟒蛇”左轮手枪主要为民间使用，美国执法机构曾装备过一定数量的“蟒蛇”左轮手枪。许多收藏家对它情有独钟，其中包括一些著名人物。

总体设计

“蟒蛇”左轮手枪枪管是螺接进底把的，枪管上面有一个斜坡形的肋条。根据枪管长度的不同，肋条下与枪管外壁之间分别设有1～4个排气孔式的长形孔洞。这样的设计据说是防止大量射击后枪管表面的热气影响瞄准视野的。在枪管下面有一直延伸到枪口端面的枪管下凸耳，枪管下凸耳里面挖空，因此重量并不大，退壳杆收容在枪管下凸耳中。

“蟒蛇”左轮手枪的战斗型机械瞄具很适合快速瞄准。片状准星用销子固定在枪管顶肋条骨顶的斜坡上，可以在枪厂或通过专业枪匠更换，准星嵌有橙色的塑料片，在光线昏暗的条件下也容易使用；缺口式照门也可以拆卸和更换，可用改锥来调整风偏和高低。所有的型号都能安装瞄准镜，瞄准镜架固定在肋条上。

“蟒蛇”左轮手枪有 4 种不同长度的枪型，最初推出时只有 6 英寸枪管型，后来针对不同的需要分别推出了枪管长度为 2.5 英寸、4 英寸和 8 英寸的型号，通过肋条内的假排气孔数目能辨认出这些型号来。

美国柯尔特“响尾蛇”左轮手枪

“响尾蛇”(Sidewinder)左轮手枪由美国柯尔特公司研制，该手枪性能较为优秀，其外形和“蟒蛇”左轮手枪相似，口径也为9毫米。“响尾蛇”左轮手枪轮轴套延长到枪口，可以在手枪上加装瞄准镜以提高射击精度。该手枪使用的子弹为马格南枪弹，其轮式弹巢可以容纳6发子弹。此外，该手枪还有10毫米和15毫米两种型号的枪管。

基本参数	
口径	9毫米
全长	229毫米
空枪重量	1190克
弹容量	6发

美国柯尔特“巨蟒”左轮手枪

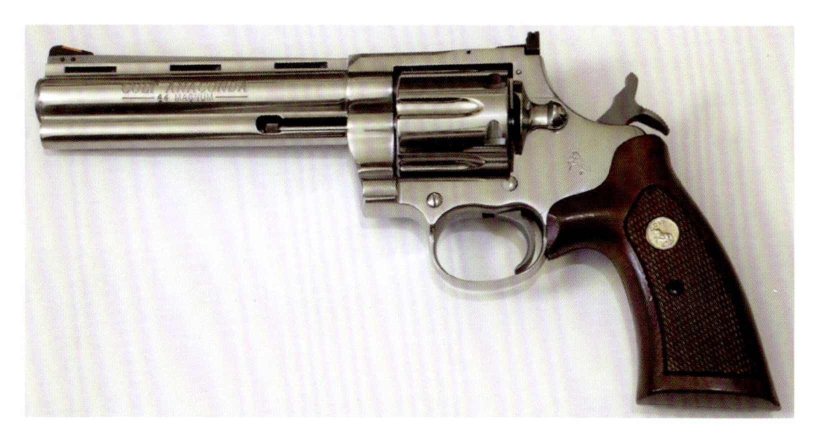

“巨蟒”(Anaconda) 左轮手枪是由美国柯尔特公司设计生产的，可使用 .44 S&W、.44 Magnum 和 .45 Colt 子弹，由于威力较大，该手枪更适于打猎和射击比赛。

基本参数	
口径	11.47 毫米
全长	245 毫米
枪管长	102 毫米
空枪重量	1300 克
有效射程	50 米
弹容量	6 发

性能解析

“巨蟒”左轮手枪结构简单，安全可靠，可轻易排除哑弹。其除了握把以外均采用不锈钢精细加工，表面抛光，握把材质则有橡胶和木头两种，整体结构紧凑。弹仓为一整体转轮，上面设有 6 个供安装子弹的弹槽，依次与枪管吻合，可进行单发射击。装弹和退弹时，弹仓自手枪左侧退出，转轮上的 6 个弹巢入口处的斜面加工精细，有利于子枪平稳装入。该手枪的瞄准具有两种：第一种为机械瞄准具，由大型的片状星和表尺组成；第二种为光学夜视瞄准仪，于夜间使用。

使用情况

“巨蟒”左轮手枪于 1990 年开始销售，刚上市销售的柯尔特“巨蟒”型左轮手枪出现了精准度上的问题，这一型号被暂停销售了一段时间。该问题后来被查明来自枪管缺陷，修复了问题的手枪开始被重新销售。虽然发射具有巨大威力的子弹，但是该枪的后坐力相对并不那么大。1999 年该型号停止销售。

美国柯尔特“眼镜王蛇”左轮手枪

“眼镜王蛇”(King Cobra) 左轮手枪是由美国柯尔特公司设计生产的，是一款现代化武器，其性能可靠、火力强大，用途非常广泛，主要用于瞄准射击、自我防卫和狩猎。

基本参数	
口径	11.47 毫米
全长	245 毫米
枪管长	102 毫米
空枪重量	1300 克
有效射程	50 米
弹容量	6 发

性能解析

“眼镜王蛇”左轮手枪是以“骑兵”左轮手枪为蓝本改进而来的，改进的内容包括：装上增加强度的重型枪管，使用了在枪管底部的全尺寸型弹巢退壳杆保护凸耳，以及在枪管顶部的一条厚实坚固的散热肋条等。

在 1986—1992 年，“眼镜王蛇”左轮手枪使用非常高级的碳钢制造，并且使用当时柯尔特公司招牌的明亮而且高级抛光深皇家蓝色（烤蓝）处理。在 1987—1992 年和 1994—1998 年还推出了磨砂不锈钢制版本；1988—1992 年有光泽的抛光型不锈钢可以选择。“眼镜王蛇”左轮手枪可以选择配备超大尺寸型核桃制瞄准型样式或硬橡胶制黑色连手指凹槽战斗样式握把，以及一个加大版瞄准型击锤。该手枪的瞄准系统是由固定的铁制红色刀片形准星以及一个完全可调的铁制白色轮廓的照门。

美国柯尔特“执法者”左轮手枪

“执法者”左轮手枪由美国柯尔特公司于1969年研制生产，口径为9毫米。该手枪的外形采用复古式设计，性能安全可靠，为美国警方所采用。

“执法者”左轮手枪的体积较小，全长仅为182毫米，而且重量也只有735克，非常适合随身携带。该手枪使用的瞄准装置为照门和准星结构，不过照门无法调节。它的转轮式弹巢中可以容纳6发强力马格南子弹。

基本参数	
口径	9毫米
全长	182毫米
空枪重量	735克
有效射程	50米
弹容量	6发

美国史密斯－韦森 M60 左轮手枪

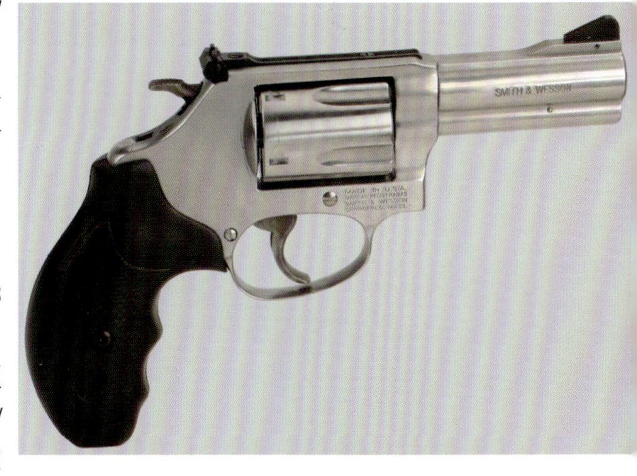

M60 左轮手枪是由美国 SW 公司设计生产的，有体积小巧、质量轻、携带方便、抽枪比较容易等特点，是针对经常在户外活动的人而设计的。

性能解析

在 9 米处，当使用雷明顿 7.13 克 JHP 弹时，初速为 325 米 / 秒，最大散布直径为 51 毫米；雷明顿 8.10 克铜被甲弹的初速为 311 米 / 秒，最大散布直径为 64 毫米，霍纳蒂冲孔弹的散布直径与雷明顿 8.10 克铜被甲弹的相同，但初速却是 227 米 / 秒，在使用重弹头枪弹时，诺尔玛 10.24 克软弹的初速为 248 米 / 秒，最大散布直径为 64 毫米；雷明顿 10.24 克半冲孔弹的初速为 252 米 / 秒，最大散布直径为 76 毫米。

基本参数	
口径	9 毫米
全长	127 毫米
有效射程	23 米
枪口初速	325 米 / 秒
弹容量	5 发

当 M60 使用 0.38 英寸特种弹时，总体感觉较好。当使用 0.357 英寸马格努姆弹时，射手必须紧紧握住握把，否则拇指很容易被撞伤。

总的来说，M60 是一款非常小巧、质量较轻且手感很舒适的转轮手枪，但并不真正适合 0.357 英寸马格努姆弹。

总体设计

M60 左轮手枪结构设计以及表面处理都做得相当完美，其所有结合处的表面，如枪管与枪身、退壳杆与侧板等处都处理得非常精细；那些难以加工的地方，如扳机护圈、枪身轮廓、枪管下方的凸耳等也做得相当好。这些容易被忽视的细节却被 SW 公司精心设计，使得全枪看起来相当完美。

该手枪照门为方形缺口式，可调整高低和风偏，准星为斜坡式，且斜坡上有一个内凹的红点。由于在瞄准射击时，过于光滑的枪管表面会产生反光，所有枪管上端面设计有锯齿状条纹。

美国史密斯 - 韦森 M66 左轮手枪

M66 左轮手枪是由美国 SW 公司于 1970 年研发的，是 M19 左轮手枪的改进型。

M66 左轮手枪和 M19 的外形结构一模一样，仅仅在表面做了防腐蚀处理，将准星涂成红色。该手枪采用不锈钢制造，口径为 9 毫米，全长达 280 毫米，空枪重 1300 克，有 4 种不同长度的枪管。

基本参数	
口径	9 毫米
全长	280 毫米
空枪重量	1300 克
有效射程	50 米
枪口初速	325 米 / 秒
弹容量	6 发

美国史密斯 - 韦森 M500 左轮手枪

M500 左轮手枪是美国 SW 公司设计的一款大威力手枪，SW 公司宣称该手枪是目前世界上威力最大的量产手枪(后文所讲到的 Pfeifer Zeliska 左轮手枪威力更大，但不量产)。

基本参数	
口径	12.7 毫米
全长	228.6 毫米
枪管长	70 毫米
空枪重量	1550 克
有效射程	50 米
枪口初速	632 米 / 秒
弹容量	5 发

性能解析

M500 手枪发射 12.7 毫米口径马格努姆大威力手枪弹。一般的左轮手枪弹膛能装 6 发子弹，而 M500 由于子弹太大只能装下 5 发。

该手枪所发射子弹的动能是其他手枪无法相比的——3517 焦耳，已经达到了大威力步枪弹的动能，称为手枪实在太小觑于它，“手炮”才能完全诠释它的威力。不过 M500 手枪并非用于军事用途，而是用于狩猎大型猎物，一枪打死一头非洲象也不在话下。

美国史密斯－韦森3号左轮手枪

3号左轮手枪是由美国SW公司设计生产的，于1870年被美国陆军采用，成为美国历史上第一种使用金属壳弹药的制式手枪。由于它在当时算得上性能优越的手枪，所以它也曾被包括比利时、德国和西班牙在内的国家仿制过。

性能解析

基本参数	
口径	11.17毫米
全长	305毫米
枪管长	165毫米
空枪重量	1300克
有效射程	50米
枪口初速	244米/秒
弹容量	6发

3号左轮手枪采用单动式扳机，拆开式装填(整个枪管和转轮组件可以向前拆开，用转轮中心的退壳顶杆顶出空弹壳或未发弹)设计。在1877年，SW公司结束了对3号左轮手枪的生产，并推出了一种被称为新型3号的改良型。1880年，南澳洲警察局在墨尔本举行的澳洲博览会上注视到新型3号左轮手枪，并产生了浓厚的兴趣。他们通过SW公司在纽约的代理商下了订单，订购250支新型3号左轮手枪，同时也订购了延伸式枪托、弹药和重装组件。

美国史密斯 - 韦森 M19 左轮手枪

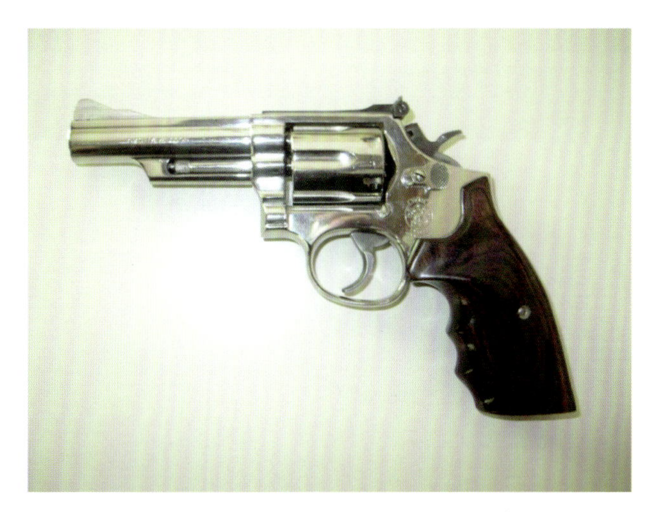

M19 左轮手枪是由美国 SW 公司设计生产的，发射 .357 S&W 马格南或火力相对较弱的 .38 S&W 特种弹这两种手枪子弹，主要用户有美国边境巡逻队、德国联邦情报局、南澳大利亚警察等。

基本参数	
口径	9 毫米
全长	190 毫米
枪管长	63/102/152 毫米
空枪重量	864.66 克
有效射程	50 米
枪口初速	370 米 / 秒
弹容量	6 发

性能解析

M19 左轮手枪使用烤蓝碳钢处理 (有皇家蓝色表面) 和镀镍钢 (半光亮表面) 两种表面处理，设计有木质或橡胶两种战斗握把，以及可调节的缺口式照门。

M19 左轮手枪是 K 形底把结构设计中威力较强的一种，枪管长度有 63 毫米、102 毫米和 152 毫米 3 种，多用于警察装备和个人自卫。

总体设计

M19 在 1957 年 (第一批型号为冲压件) 至 1999 年 11 月期间生产。M19 可以使用 2.5 英寸 (M66 为 3 英寸，比较罕见)、4 英寸或 6 英寸枪管长度。空枪重量分别是 30.5 盎司 (865 克，1.91 磅)、36 盎司 (1021 克，2.25 磅) 或 39 盎司 (1106 克，2.44 磅)。2.5 英寸和 3 英寸枪管长度版本采用圆形握把，而 4 英寸和 6 英寸枪管长度版本则采用方形握把。

美国史密斯－韦森 M22 左轮手枪

M22 左轮手枪是由美国 SW 公司设计生产的一款精致商业版手枪，能够发射 .45 ACP、.45 Auto Rim 和 .45 GAP 3 种手枪子弹。

性能解析

同 M1917 左轮手枪一样，M22 手枪也采用半月形弹匣，以协助发射 .45ACP 子弹。它也可以使用为左轮手枪而设计的 .45 Auto Rim 子弹，以及 .45GAP 子弹。该手枪通常配有无底部凸杆枪管、固定战斗型机械瞄具。

基本参数	
口径	11.43 毫米
全长	234.95 毫米
枪管长	101.6 毫米
空枪重量	1043.26 克
有效射程	50 米
枪口初速	385 米 / 秒
弹容量	6 发

美国史密斯 - 韦森 M27 左轮手枪

M27 左轮手枪是由美国 SW 公司设计生产的，主要用于警察人员。由于它有着不错的性能，曾登场于多部电影、电视和电脑游戏里，如《巴顿将军》(1970 年)《神秘博士》(2005 年) 和《使命召唤：世界战争》(2008 年)。

性能解析

M27 左轮手枪大容量为 6 发，采用碳钢“N 形底把”左轮手枪，于 1935 年开始生产，1990 年停止生产。该手枪可以发射 .357 S&W 马格南或火力相对较弱的 .38 S&W 特种弹这两种子弹。

基本参数	
口径	9 毫米
全长	235 毫米
枪管长	101.6 毫米
空枪重量	1374.95 克
有效射程	50 米
枪口初速	285 米 / 秒
弹容量	6 发

美国史密斯 - 韦森 M28 左轮手枪

M28 左轮手枪是美国 SW 公司以 M27 为基础设计的一款手枪，目前被数支特种部队和警察部队采用，其中包括意大利特别干预组、挪威警察等。

性能解析

M28 左轮手枪移除了一些 M27 手枪的"昂贵"设计(如高质抛光表面处理的光洁度)，以达到降低生产成本而不会有降低效用的问题。M28 左轮手枪使用烤蓝表面处理，而不是使用抛光表面处理，以节省手工生产的成本。顶框和底把圆弯部分是以微珠喷砂实现了其亚光的外观。

基本参数	
口径	9 毫米
枪管长	101 毫米
空枪重量	1162.33 克
有效射程	50 米
枪口初速	285 米 / 秒
弹容量	6 发

美国史密斯－韦森 M29 左轮手枪

M29 左轮手枪是由美国 SW 公司设计生产的，是电影《肮脏哈利》(1971 年)中主角哈利・卡拉汉的招牌武器，其也因该电影而声名大噪。

性能解析

基本参数	
口径	11.17 毫米
全长	193.6 毫米
枪管长	66.6 毫米
空枪重量	1250.21 克
有效射程	50 米
枪口初速	448 米 / 秒
弹容量	6 发

M29 左轮手枪结构非常简单，所用的零件数量也很少，但其破坏力惊人，且安全可靠。和大部分左轮手枪一样，如果一发子弹突然瞎火，再扣动扳机后，另一发子弹就会对准枪管待击，非常有实战价值，特别适用于近距离的应急自卫。

该手枪在猎杀黑熊、野猪等大形动物时效果不错，其加长的弹壳增大了装药量，使得初速、动能都比一般的子弹要大。它的双动扳机扣力平滑，单发击发时扳机更轻，射击精准度也更高。

总体设计

M29 的膛室(弹巢)可以装填和发射 .44 特种弹 。只是马格努姆子弹的弹壳比特种弹稍长，因此弹壳内部可以容纳更多的装药。这也使得膛室(弹巢)设计是装填和发射特种弹的手枪都不能够装填和发射马格努姆子弹。史密斯－韦森 M29 存在的缺点是射速过低、装弹较慢和弹容量较少，但其简单的结构、巨大的威力和高度的可靠性，仍然使它成为全世界左轮手枪爱好者心中不朽的传奇。

美国史密斯 - 韦森 M329PD 左轮手枪

M329PD 左轮手枪是美国 SW 公司继 M29 手枪之后新设计的一款手枪，其用途与后者一样，主要用于狩猎。

基本参数	
口径	11.17 毫米
全长	241.3 毫米
枪管长	101.6 毫米
空枪重量	711.57 克
有效射程	50 米
弹容量	6 发

性能解析

M329PD 左轮手枪使用了钪合金底把和钛合金弹巢，装上了一个霍格公司生产的蔷薇木握把(可改用黑色橡胶握把)，并采用了激光 HI-VIZ 红色光纤准星和可调节的 V 形缺口式照门。整把左轮手枪表面具有防眩光的磨砂黑色外观，以及磨砂灰色的弹巢。

总体设计

M329PD 左轮手枪“阿拉斯加背包族”型(英语：Smith & Wesson Model 329PD Alaska Backpacker)为 M329PD 的 Talo 独家型。具有 63.5 毫米(2.5 英寸)不连枪口制退器或马格那孔的不锈钢制枪管、不锈钢弹巢、黄金珠状帕特里奇准星和黑色橡胶握把。底把侧面表面上具有激光雕刻的灰熊标志。

美国史密斯－韦森 M625 左轮手枪

M625 左轮手枪是由美国 SW 公司设计生产的 6 发式“N 形底把”双动操作左轮手枪，能够发射 .45 ACP、.45 Auto Rim 和 .45 GAP 3 种手枪子弹。

性能解析

M625 左轮手枪采用重型枪管和大重量枪身以吸收射击时的后坐力，达到提高射击精准度的效果。小巧的握把可让手形较小的射手也容易操作。握把具有多种选择，包括木质刻纹和黑色橡胶。照门、准星和握把可在无须工具或枪匠的情况下自行改进，以最大限度地满足射手的不同习惯。

基本参数	
口径	11.43 毫米
全长	238 毫米
枪管长	101.6 毫米
空枪重量	1142.49 克
有效射程	50 米
枪口初速	243.83 米 / 秒
弹容量	6 发

总体设计

M625 的壳头间隙可使 .45 ACP 自动手枪子弹在不使用全月夹的情况下直接将 .45 ACP 装填进弹巢内。但由于无缘式子弹不能保证从弹巢内退壳成功，因此子弹需要夹在全月夹上以方便退壳。一方面，使用全月夹可更合适地控制子弹在每个膛室内的前后位置以便击锤可靠地击发子弹底火；另一方面还可在发射所有子弹以后很方便地一次性退出 6 发弹壳。

美国史密斯 - 韦森 M627 左轮手枪

M627 左轮手枪是由美国 SW 公司设计生产的一款 8 发式“N 形底把”双动操作个人防护及狩猎用左轮手枪，发射 .357 S&W 马格南子弹或火力相对较弱的 .38 S&W 特种弹两种子弹，其 8 发弹巢为无沟槽式设计，以增加强度。该手枪使用的是不锈钢底把，并且使用亚光表面处理和木质握把。

基本参数	
口径	9 毫米
全长	193.675 毫米
枪管长	66.675 毫米
空枪重量	1065.94 克
有效射程	50 米
弹容量	8 发

美国史密斯－韦森 M629 左轮手枪

M629 左轮手枪是由美国 SW 公司设计生产的，可发射威力强大的 .44Remington Magnum 或火力相对较弱的 .44 S&W Special 这两种子弹。

性能解析

M629 左轮手枪枪管和弹巢的距离只有 0.1524 毫米，以圆柱状棘爪形装置使枪身和弹巢吊杆贴近，以增加威力及减少弹巢间隙造成喷出的高压气体。整支手枪是以不锈钢底把制成，具有防眩光的磨砂黑色外观。

基本参数	
口径	11.17 毫米
全长	327.66 毫米
枪管长	190.5 毫米
空枪重量	1250.21 克
有效射程	50 米
枪口初速	448 米 / 秒
弹容量	6 发

总体设计

M629 于 1979 年首次生产，采用不锈钢枪身、隐藏退壳杆。M629 转轮闩位于枪身左侧、转轮后方。向右推转轮闩，向左旋出转轮，按退壳杆退出弹壳或枪弹。

PERFORMANCE CENTER

美国“阿拉斯加”左轮手枪

“阿拉斯加”(Alaskan)左轮手枪是美国鲁格公司设计生产的一款大威力手枪，具有良好的便携性和巨大的威力，是该公司系列手枪中最受欢迎的产品之一。

性能解析

基本参数	
口径	11.17 毫米
全长	190 毫米
枪管长	63 毫米
空枪重量	1200 克
有效射程	50 米
枪口初速	427 米/秒
弹容量	6 发

“阿拉斯加”左轮手枪枪管长度只有63毫米。如果从枪口正面观察该手枪，可隐隐约约看到大口径枪弹弹头，给人一种不寒而栗的感觉。SW公司曾推出世界上威力最大的左轮手枪M500。该手枪采用长达228.6毫米的枪管。由于后坐力过大，很多美国人都敬而远之。“阿拉斯加”左轮手枪坐上了“世界第一大威力手枪”的宝座，但是想要驾驭它并不是那么简单，理由和M500左轮手枪一样，后坐力太大。

总体设计

“阿拉斯加”左轮手枪的转轮座用410不锈钢制成，转轮对410不锈钢棒进行切削加工成型，内部枪管则对400系列不锈钢进行冷锻加工成型。内部枪管周围加工有螺纹，以旋进的方式组合到转轮座内。该枪的制造加工方法与“超级红鹰”手枪完全相同。

美国 BFR 左轮手枪

BFR(Biggest Finest Revolver，意为最大及最优秀的左轮手枪）是由美国马格南研究所设计生产的单动操作左轮手枪。它可发射各种大口径手枪子弹和一些传统口径的步枪子弹，整体由不锈钢制成。

该手枪有两种基本的型号，其中长弹巢是为了发射大口径步枪子弹，而另一种弹巢是与传统的左轮手枪弹巢的长度相同。有些型号的弹巢可以使用相同口径子弹，如 .45-70 子弹和 .450 马林子弹的口径一致。因此，发射 .45-70 子弹的 BFR 手枪也可发射 .450 马林子弹。

基本参数	
口径	8.38 毫米
全长	323.85 毫米
枪管长	165 毫米
空枪重量	1633 克
有效射程	50 米
弹容量	5 发

俄罗斯纳甘 M1895 左轮手枪

纳甘 M1895 左轮手枪是俄罗斯帝国时期由李昂・纳甘 (L é onNagant) 设计、图拉兵工厂生产的一款手枪，发射 7.62×38 毫米子弹，目前仍有少量在俄罗斯警察部队中服役。

基本参数	
口径	7.62 毫米
全长	235 毫米
枪管长	114 毫米
空枪重量	800 克
有效射程	22 米
枪口初速	272 米 / 秒
弹容量	7 发

性能解析

与大部分左轮手枪的运作原理不同，纳甘 M1895 手枪采用了特殊的气体密封式设计。在手枪的击锤被拉低后其弹巢会向前移动，同时也封闭了弹巢与枪管之间的空隙，增加了子弹的初速，并容许武器能够被抑制(这种功能在一般的左轮手枪并不常见)。

20 世纪，纳甘 M1895 左轮手枪被多国军警采用，其中包括瑞典、挪威、波兰和希腊等。纳甘 M1895 左轮手枪与俄罗斯采用的十分类似，但并没有加入气动密封式的机制。

使用情况

M1895 左轮手枪曾被俄罗斯陆军广泛地使用，在“十月革命”后也被苏俄及其后成立的苏联所采用。在俄罗斯服役期间，此枪普遍地被认为是坚固和可靠的。

它也被布尔什维克秘密警察，契卡以及许多苏联执法机构(如国家政治保卫总局和内务人民委员部，广泛地采用。在警察内服役期间，使用短枪管的纳甘左轮手枪十分常见，这是因为它们能方便地藏在便衣警察的衣服里。尽管更先进的托卡列夫手枪已在 1930 年推出，纳甘 M1895 左轮手枪仍然持续生产并普遍在二战中使用。

俄罗斯 MP-412 REX 左轮手枪

MP-412 REX 左轮手枪 (REX 是 Revolver for Export 的缩写，意为出口用左轮手枪) 是由俄罗斯伊热夫斯克机械工厂设计生产的，是一款拆开式双动式左轮手枪。

基本参数	
口径	9 毫米
全长	232 毫米
枪管长	102 毫米
空枪重量	900 克
有效射程	50 米
弹容量	6 发

性能解析

MP-412 REX 左轮手枪较为独特的设计在于它的拆开式装填设计，且具有自动退壳的功能。这种设计较少用在现代左轮手枪上。MP-412 REX 左轮手枪的枪管底部是由复合材料制成的。用户也可在必要时把握把从钢架式枪管上拆除。它的射击方式与其他左轮手枪大致相同，可使用单动式和双动式射击。

俄罗斯 DOG-1 左轮手枪

俄罗斯瓦杰斯基波利亚尼兵工厂受警察的委托，研发一种使用大口径特种弹的左轮手枪，该产品就是 DOG-1 手枪。

基本参数	
口径	12.5 毫米
全长	230 毫米
空枪重量	870 克
有效射程	50 米
枪口初速	320 米 / 秒
弹容量	6 发

总体设计

DOG-1 手枪采用过去整体左轮方式的设计，这种结构设计由于左轮座上无铰接件，装弹与排壳必须拔出左轮轴，取下左轮。左轮弹膛内发射后的空弹壳，用左轮轴逐发推出，然后重新逐发装填。这种极原始的操作方式不仅麻烦，而且左轮轴容易丢失，左轮容易跌落。

该手枪可使用 12.5 毫米口径的特种弹，包括钢球弹、塑料弹、橡胶弹、催泪毒气弹、染色弹等。它的发射方式为常规双动式，击锤外露扣动扳机可双动发射，也可手扳击锤以单动方式发射。它的操作性相比现代其他左轮手枪而言明显不良，至今尚无改进的信息，现只有试制品，无批量生产。

英国博蒙特·亚当斯左轮手枪

博蒙特·亚当斯 (Beaumont Adams) 左轮手枪是由英国伦敦兵工厂生产的，在 1862—1880 年期间为英国军警制式手枪，并曾参与过许多殖民战争，直至被恩菲尔德左轮手枪取代为止。另外，该手枪还曾在欧洲数个国家及美国特许生产。

基本参数	
口径	11.22 毫米
全长	286 毫米
空枪重量	1100 克
有效射程	30 米
枪口初速	190 米 / 秒
弹容量	5 发

英国恩菲尔德左轮手枪

一战结束后，英国政府开始寻求一款重量轻、能够方便速射的手枪，以取代博蒙特·亚当斯左轮手枪等老旧的武器。后来，韦布利·斯科特（Webley Scott）设计的新型手枪被英军选中，随后该手枪在1928年开始投入生产，并在二战期间广泛被英军使用。

基本参数	
口径	9.65毫米
全长	260毫米
空枪重量	765克
有效射程	13米
枪口初速	189米/秒
弹容量	6发

奥地利 Pfeifer Zeliska 左轮手枪

Pfeifer Zeliska 手枪是世界上威力最强、体积最大的手枪之一，其重量为 6 千克，长度为 550 毫米。巨大的枪身虽然能够承受巨大的后坐力，但同样也限制了它在狩猎及战斗中的用途。

Pfeifer Zeliska 手枪在击发机构和上弹方面则较类似于柯尔特单动式陆军左轮手枪。Zeliska 手枪能够发射 15.24 毫米口径 NitroExpress 大口径子弹，每发 NitroExpress 的成本为 40 美元，而整枪的售价则为 17 316 美元。基于其昂贵的售价，Pfeifer Zeliska 手枪在市场上并不普遍，也没有大规模生产。

基本参数	
口径	15.24 毫米
全长	550 毫米
空枪重量	6 千克
枪口初速	594.36 米 / 秒
弹容量	5 发

法国 MR-73 左轮手枪

MR-73 左轮手枪是由法国马努林 (Manurhin) 公司生产的双动式左轮手枪，以超高的射击精准度及强大的火力而闻名。

基本参数	
口径	9 毫米
全长	195 毫米
空枪重量	880 克
弹容量	6 发

性能解析

MR-73 左轮手枪采用双动式扳机的设计，并能够以单动式或双动式进行射击。它具有多种不同尺寸的版本可供用户选择，也发射多种弹药，包括 .22 LR、.32 S&W Long、9 毫米鲁格弹、.38 特种弹和 .357 麦林。用户可通过更换弹巢来改变口径。

法国 MAS 1873 左轮手枪

MAS 1873 左轮手枪是由法国圣埃蒂安武器制造厂 (Manufactured'armes de Saint–d'tienne) 生产的，是法国军队所采用的第一支双动式左轮手枪。

性能解析

MAS 1873 左轮手枪的弹巢上具有一个侧面进弹口，装填时需要把它向后方拉出。它的瞄具视点为一个球体和 V 字，并非常容易对齐。由于是双动式扳机的缘故，所以该手枪在直接扣动扳机进行射击时会较难命中目标，但这也令其不易被意外击发。它的保养和分解也十分容易。这是基于其退壳杆同时为一把螺丝刀和多用途工具。

基本参数	
口径	11 毫米
全长	240 毫米
枪管长	115 毫米
空枪重量	1040 克
有效射程	50 米
枪口初速	594.36 米 / 秒
弹容量	6 发

使用情况

MAS 1873 左轮手枪于 1873—1887 年期间在圣埃蒂安武器制造厂生产了约 337 000 支。尽管此枪不久便被更新的 M1892 左轮手枪所取代，它在一战期间仍然被广泛地使用，并于 1940 年转交给预备役部队使用。而在纳粹德国占领法国后，此枪依然广泛地被抵抗军使用。

法国 MAS 1892 左轮手枪

MAS 1892 左轮手枪是由圣埃蒂安武器制造厂生产的，在一战期间是法国军队的制式手枪。由于性能优越，二战期间它仍被广泛采用。

性能解析

基本参数	
口径	8 毫米
全长	240 毫米
空枪重量	850 克
有效射程	50 米
枪口初速	220 米 / 秒
弹容量	6 发

MAS 1892 左轮手枪使用的弹药为 8 毫米口径的黑火药弹，在一战期间装备的手枪改用同口径的无烟火药弹。该手枪与其他左轮手枪不同的是，它的弹巢向右方摆出，摆出后可查看各个膛室的剩弹量，也可把弹壳倒出。重新装填后，射手需要把弹巢收回原位，并用位于枪体右边的锁闩把它锁定。除此之外，位于枪体左边的侧板可被翻开，以方便用户清洁和保养内部零件。

使用情况

MAS 1892 是一种坚固、精确度高和品质不错的左轮手枪。射手能够拉下击锤然后再扣动扳机以作单动式射击，也可直接地扣动扳机作双动式射击。而它唯一较明显的缺点就是作为一支军用手枪火力较弱，口径只有 8×27 毫米。论制止力，它也只是勉强达到 .32 ACP 弹的水平。

MAS 1892 是一种使用实心枪体的左轮手枪，它的弹巢为外摆式设计，在装弹时射手需把弹巢向右方摆出并完成装填。MAS 1892 首次在 1893 年投入实战，并被法国军官在一战期间广泛使用。另外，它也被法国警察装备至 20 世纪 60 年代中期才退役。

意大利齐亚帕“犀牛”式左轮手枪

“犀牛”式左轮手枪是由意大利齐亚帕 (Chiappa) 公司设计生产的一款手枪，它比一般左轮手枪更为棱角分明，具有一种超前的现代感。

性能解析

基本参数	
口径	9 毫米
全长	164 毫米
枪管长	50.8 毫米
空枪重量	700 克
有效射程	50 米
弹容量	6 发

“犀牛”式左轮手枪的枪管轴线位于转轮轴线之下，比大多数其他左轮手枪都要低，因为它是从弹巢最下方的膛室射击，而非从弹巢最上方的膛室射击。这种设计的优点是使枪管轴线最大限度地与射手持枪手的虎口高度相同。在射击时，通过引导后坐力，使后坐力几乎正直地作用于射手手腕上的虎口部位，而非向上；加上“犀牛”本身的质量，就可以大幅降低射击时产生的枪口上跳。

“犀牛”式左轮手枪还有一个显著的特点，其 6 发弹巢的横截面为六边形的，而非圆柱形的（虽然带有圆角的）。六边形转轮弹巢是为了降低武器在隐蔽携带用途方面的轮廓，并减轻了转轮本身的质量，同时也相应减少了其扳机扣力。

总体设计

在外观轮廓上，“犀牛”式左轮手枪比一般左轮手枪更为棱角分明，具有

一种超前的现代感。其底把是由7075铝合金所制造，而枪管、弹巢和其他重要部分则由钢所制造。与大多数的左轮手枪相反，“犀牛”采用内置式击锤。所以转轮座后部那个酷似击锤的零件不是击锤而是待击解脱杆。它的主要作用是把处于待击位置的击锤解脱待击状态。击锤在射击以后会回退到入定位。这样令其外部运动部件的数量最大限度地减少，但亦使左轮手枪的内部更为复杂。待击解脱杆上还设有U形缺口，可以作为照门使用。而延长枪管型犀牛则设有其独立照门。在“犀牛”的握把设计上，其后部具有类似M1911手枪的“海狸尾部”式设计，使射手握持时能够正确握住握把，避免因为不正确握持造成射击时的伤害。“犀牛”的握把可以选用黑色橡胶或高品质木材制造。采用橡胶制造的握把可以吸收一部分后坐力；而采用高品质木材制造的高级握把上则刻有各种防滑图案。

巴西 M608 左轮手枪

M608 左轮手枪是由巴西陶鲁斯公司设计生产的，有多种口径，最大为 12.7 毫米，不过使用最多的为 11.43 毫米。

基本参数	
口径	11.43 毫米
全长	419 毫米
枪管长	254 毫米
空枪重量	1270 克
有效射程	50 米
枪口初速	440 米 / 秒
弹容量	8 发

性能解析

M608 之所以称为“全新”，是因为它采用了陶鲁斯公司最新开发的扳机机构，其扳机运动的平稳程度可与在作坊中精心加工的定制枪相媲美。与其他新推出的陶鲁斯左轮手枪一样，M608 也采用 Santoprene 握把（一种黑橡胶握把），握把外形经过精心设计，握持非常舒适。

瑞士 SMG 左轮手枪

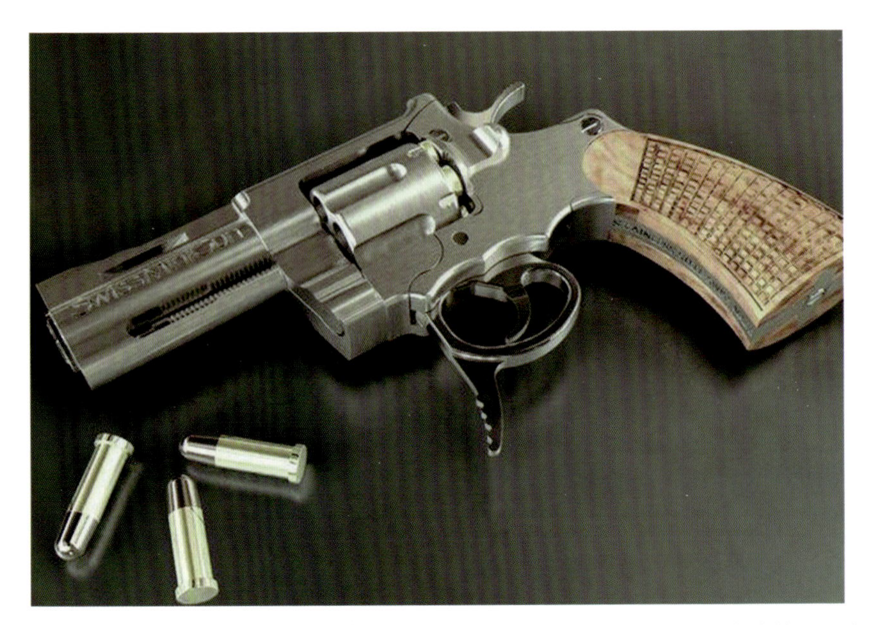

SMG 左轮手枪(SMG 是 Swiss mini gun 的缩写，意为瑞士迷你枪)是瑞士“枪匠”(Gunsmith)公司设计生产的一款迷你手枪，是世界上最小的枪支，也可以说是世界上最小的热兵器。

基本参数	
口径	2.34 毫米
全长	55 毫米
空枪重量	68 克
有效射程	30 米
枪口初速	180 米/秒
弹容量	6 发

性能解析

SMG 迷你枪被众多人视为收藏珍品，但因为它具有杀伤性，所以对于这款“工艺品”枪支，得到瑞士火器局核准的人士才能购买。自 2005 年上市以来，SMG 销量已经达到 500 支，主要都是被中东和远东的收藏家购买。该手枪枪柄有多种款式，其中包括乌木枪柄、手工雕刻枪柄、镶有钻石或者其他宝石的黄金枪柄。不锈钢乌木枪柄型的售价约为 3000 欧元，而黄金版则要至少 3 万欧元。据说有客户订购了一支镶嵌了 15 颗钻石的 SMG 迷你枪，售价为 12 万美元。

SMG 可以发射特别研制的 2.34 毫米口径的缘发式子弹(就是将引药装在弹壳底部突出边缘的子弹)——堪称世界上个头最小的缘发式子弹。

日本二六式左轮手枪

二六式左轮手枪是日本陆军采用的第一支现代化手枪，由东京炮兵工厂开发研制，并以日本纪年命名 (明治二十六年)。

性能解析

基本参数	
口径	9 毫米
全长	230 毫米
枪管长	120 毫米
空枪重量	927 克
有效射程	50 米
枪口初速	229 米 / 秒
弹容量	6 发

由于该手枪双动式设计，没有击槌按把，也无法扳起扳机。而且，由于扣动扳机所需的力量相当大，所以其发射速率相当低。二六式左轮手枪原本设计是作为骑兵的手枪，因此它的枪托处有可绑上系绳的环。由于供给缺乏，该手枪往往被用作备用武器，并服役直到二战结束为止。

二六式属于以当代的史密斯 – 威森 3 号左轮手枪和纳甘 M1878 左轮手枪结构为基础的中折式左轮手枪。由于设计上为只有双动式，它没有击槌按把，也无法扳起扳机。而且，由于扣动扳机所需的力量相当大，其发射速率相当低。

美国史密斯－韦森 M10 左轮手枪

M10 左轮手枪于 1899 年开始生产，经过改进，一直使用到今天。1902 年前，退壳杆没有固定在前端，1902 年以后使用熟悉的套节将退壳杆固定在前端。到 1942 年停产时，共生产了 800 000 支，二战后作为 M10 重新投入生产。

性能解析

基本参数	
口径	11.43 毫米
全长	235 毫米
空枪重量	865 克
有效射程	30 米
枪口初速	198 米/秒
弹容量	6 发

M10 枪管从 51 毫米到 165 毫米 (2 ～ 6.5 英寸) 不等，其中 102 毫米和 127 毫米 (4 英寸和 5 英寸) 枪管最常见。1952 年推出了采用合金枪身的 M12 型，而 1970 年推出了采用不锈钢枪身的 M64 型。M10 退弹过程为：前推位于枪身左侧、转轮后方的转轮闩，向左旋出转轮，按压退壳杆打开转轮底板并退出弹仓中弹壳。松开退壳杆，将转轮复位并确保转轮闩锁定。

使用情况

M10 由于结构简单、坚实耐用、使用灵活方便与价格便宜，加拿大皇家骑警及法国部分押款员及银行警卫、以色列国防军、香港纪律部队、澳门警察总局、越南、挪威、秘鲁、英国及美国军队和警察及联邦调查局仍然使用史密斯－韦森军警型。其中香港警务处仍然采用的军警型枪身刻有 RHKP(皇家香港警察队) 字样型手枪。

要全方位地了解一款武器，除需要了解其设计结构和作战性能外，其研发历史也是很重要的一环。通过了解每款武器的背景，就能知道某款优秀的武器是谁设计研发的，也更能理解该款武器的设计初衷，这样能让读者朋友更快地对该款武器留下深刻印象。

半自动手枪

美国柯尔特 M1911 手枪

19 世纪末期，美军在菲律宾与当地人发生武装冲突。当时美军装备的是柯尔特 9 毫米口径左轮手枪，但该手枪性能不够理想，所以美军便决定研制一种新型手枪来装备其军队。1907 年，美国正式招标 11.43 毫米口径手枪作为新一代的军用制式手枪，在对该手枪项目竞标中，柯尔特公司和萨维奇公司的手枪被美国军方选中，随后两家公司的产品便进入试验和改进中。在 1910 年年末的 6000 发子弹射击试验中，柯尔特的样枪射完子弹没有出现任何问题，而萨维奇公司的样枪则出现了 37 次故障，最后自然是柯尔特公司胜出。1911 年 3 月 29 日，柯尔特公司的手枪正式成为美国陆军的制式手枪，定型为 M1911。1913 年，由于 M1911 半自动手枪的性能十分出色，也被美国海军和美国海军陆战队选为制式手枪。

美国 M9 手枪

1978 年，美国空军提出需要采用一种新的 9 毫米口径半自动手枪，用以取代老旧的 M1911 手枪，多家著名枪械公司参加了选型试验。1980 年，美国空军官方宣布伯莱塔公司的 92S-1 手枪比其他公司的略好。此时，美国其他军种也正好需要寻找新的辅助武器。因此，更严格的一轮试验又开始了，伯莱塔公司送交的型号为 92SB-F，之后更名为 92F。

1985 年 1 月，美国陆军宣布伯莱塔 92F 胜出，并将其选为制式手枪，正式命名为 M9。1988 年，M9 发生了套筒断裂的事故。随后，伯莱塔公司按照美国陆军的要求进行了改进设计，按这种标准生产的 92F 被改称为 92FS。至此，伯莱塔 92FS(M9) 真正取代经典的柯尔特 M1911 手枪成为美军新的制式手枪。

美国 MEU(SOC) 手枪

意大利伯莱塔公司为美军设计的 M9 手枪在战场上有着不俗的表现。但是对美国本土士兵来说，他们还是更喜欢 M1911 手枪。为了能满足士兵的需求，20 世纪 80 年代末期，美国海军陆战队上校罗伯特・杨对 M1911 手枪提出了一系列改进建议。1986 年，美国精密武器分部和陆战队步枪分队装备商接受 M1911 改进工作。这些没有正式定型的手枪，一律称为 MEU(SOC) 手枪或 MEU 手枪。

美国 Bren Ten 手枪

1979 年 12 月 15 日，有两个美国人，一个叫托马斯・多诺斯，另一个叫迈克尔・迪克逊。这两个人突发奇想，决定设计一种前所未有的半自动手枪，让其既有左轮手枪的威力，也不会因此使得握把显得过于庞大。1980 年 1 月 15 日，两人去向枪械专家杰夫・库珀寻求建议。正巧，杰夫・库珀也有意设计这样一种新型手枪，于是三人一拍即合，由多诺斯和迪克逊负责工程、研制、生产和销售，库珀提供概念性设计和技术咨询。在 1981 年 7 月 15 日，他们以 CZ75 手枪为基础进行改进，包括采用不锈钢结构、便于快速瞄准的战斗瞄具以及其他的功能。1982 年，他们最终成功设计出一种 10 毫米口径的自动手枪子弹，并推出了发射这种手枪子弹的手枪，命名为 Bren Ten。

美国史密斯 – 韦森 M1076 手枪

1985 年，2 名退伍军人出身的持枪歹徒与 FBI 发生了正面枪击战。由于 FBI 没穿防弹衣，只能以汽车作为掩体展开战斗。而且，他们的武器只有 1 支雷明顿 870 型霰弹枪、几支 M459 手枪。最后 FBI 付出了 2 人死亡、5 人受伤

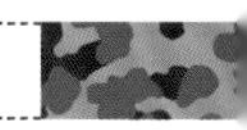

的惨重代价才射杀了这 2 名歹徒。事件发生后，FBI 马上召集弹道专家，研发一种大杀伤力的枪弹，以便在必要时可以将歹徒一击毙命。通过试验，FBI 选择了 10 毫米口径 AUTO 手枪弹，然而在试射过程中发现这种枪弹虽然威力大，但后坐力也大，于是 FBI 要求把装药减少，试验后发现效果较好。有了合适的弹药，也要有相应的手枪来发射，于是 FBI 从 21 家公司提供的样枪中选中了 SW 公司的 M1076 型手枪，并签订了生产 9600 支手枪的大合同。1990 年，FBI 正式装备 10 毫米减装药 AUTO 手枪弹和 M1076 手枪。

美国史密斯 – 韦森 M39 手枪

20 世纪 50 年代，美军向外发布了新型手枪的招标信息。得知此消息后，作为美国实力派的老牌军工企业——SW 公司，自然不会放弃这次“捞金”机会。随后，SW 公司展开行动，根据当时战场局势，以及美军对手枪的要求，设计出了 M39 手枪。不过，正当 SW 公司准备把 M39 手枪提交到军方时，后者突然终止了新型手枪

美国 M45A1 手枪

进入 21 世纪后，美国海军陆战队开始大规模“招贤纳士”。这些人员，从身先士卒的小兵到运筹帷幄的军官，无一不是作战士兵中的精英。但是作为士兵基础之一——武器，是必不可少的。所以在招收这些新人员后，海军陆战队在为他们配发老式武器的同时也在努力寻求更好的新式武器。得知此消息后，柯尔特公司以 M1911 手枪为蓝本，设计了一款全新手枪——柯尔特磁道炮手枪。柯尔特公司将该手枪交予海军陆战队进行测试。经测试，该手枪的各项性能符合他们的要求，于是便采用了该手枪，并命名为 M45A1 手枪。

美国 M4504 手枪

20 世纪 80 年中期，SW 公司把美国执法机构当作手枪的销售市场，开发出了一系列供美国警察和特工人员使用的自动手枪。M4500 系列手枪就是其中的一个系列。这个系列的手枪是 SW 公司的第三代自动手枪精华，而 M4504 是这一系列比较出众的一款。

美国 Mk22 Mod 0 手枪

由于美国“海豹”突击队常常要执行一些非常秘密的任务，所以对于枪械也有着非常高的要求，尤其声音要小。随后 SW 公司在史密斯 – 韦森 39 手枪的基础上，经过一系列改进，最终开发出了一种新型的手枪—— Mk22 Mod 0

手枪，该手枪很适合“海豹”突击队去执行秘密任务。

美国鲁格 P85 手枪

20 世纪 80 年代末，美国军方开始了新型武器的第二轮竞赛。参与竞赛的军械公司都是当时闻名于世的老牌子，其中包括意大利伯莱塔公司、HK 公司、SW 公司和鲁格公司。前三家公司的产品都非常出众，被多支军警部队所相中。而鲁格公司的产品，即 P85 手枪，由于各方面原因，没能在这次竞赛中有所作为。但是，P85 作为鲁格公司的第一款 P 系列手枪，为该公司之后的设计奠定了坚实的基础。

美国鲁格 P345 手枪

鲁格公司的手枪虽然款式不少，但除了已经被军警厌倦的左轮手枪、外形“不堪入目”的半自动手枪之外，并没有一款能真正“拿出手”的新型手枪。另外，鲁格公司的手枪在美国市场上，较其他公司的手枪而言，非常廉价。这让该公司认为，自己能占有一席之地，凭借的完全是低价格。为了扭转这一局面，鲁格公司遵循手枪性能好、美观、便宜这一宗旨开发了新一代产品——P345 手枪。该手枪在美国市场的零售价格为 548 美元，比格洛克 37 的 562 美元略低。

美国鲁格 LCP 手枪

进入 21 世纪后，世界各国各大军工企业都埋头研发新型武器，以便在新型战场上霸占军警销售市场。这些大牌军工企业带来的产品层出不穷，大到单兵便携式火箭筒，小到自卫、格斗冷兵器，所使用的材料和制造技术都是一流的。而一直对手枪情有独钟的鲁格公司，并没有花太多精力去研发大型武器，以及使用率不及热兵器的刀具类，还是坚持着自己的手枪行业。2008 年，美国武器展览会中，鲁格公司带来了一款轻巧紧凑型手枪——LCP 手枪。该手枪的射击精准度并不高，但是作为一种微型自卫武器，它的精度还算差强人意。

美国马格南 V 型手枪

20 世纪七八十年代，有不少军工企业研发大口径、大威力手枪，并取得了一定的成功，却无法真正流行起来。原因主要有二：其一，作为单兵自卫武器来说，这些手枪太过笨重，不便于携带；其二，由于要发射大威力子弹，所以手枪的体积相应也大，实用性较差。到 20 世纪 90 年代，哈利·桑福德开始研发一款轻量且人体工效良好的大威力手枪，在参考了其他同类手枪的优缺点，并融合自己对手枪的理解之后，成功推出了马格南 V 型手枪。

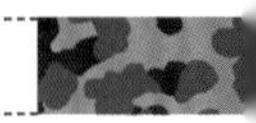

美国 Grizzly 手枪

正如前文所说，20 世纪 80 年代，有一股大威力手枪的热潮，引发了新老手枪设计师的一场明争暗斗，人人都想在这一次竞争中脱颖而出。在众多手枪设计师中，温文尔雅、谈吐之间透露着贵族气息的佩里·阿内特，却有着与常人不一样的设计思想，同时也有着不一般的商业头脑。当时美军使用的 M1911 手枪异常热火，军、警乃至平民，都非常青睐这款手枪。佩里·阿内特看到了商机，他将 M1911 手枪口径放大，推出了该手枪的大威力版本——Grizzly 手枪。Grizzly 手枪一经推出，立刻引起了不小的轰动，当然也为阿内特带来了不少财富。

美国 M15 手枪

在二战期间，美国的高级军官们使用的是柯尔特研制的口径为 9 毫米的袖珍型手枪。但是在二战结束后的第二年，柯尔特公司停产该型手枪。到了 20 世纪 70 年代初，该手枪的库存不足。于是，美国军方便重新为高级军官们选择一种新型手枪作为将官配枪，要求该手枪在体积上比 M1911A1 小。于是，1972 年美军便选中了当时型号为 XM70 的由岩岛兵工厂研制的自动手枪，并将其正式命名为 M15。

美国 FP45“解放者”手枪

为了能够在敌军占领区发起反抗，美军想方设法地为游击队生产提供武器装备。为了掩人耳目，1942 年美国陆军设计了一款名为 FP45“解放者”简陋手枪，由俄亥俄州代顿通用汽车的大陆制造分公司生产。在生产该手枪时，一开始工人们并不知道是生产手枪，只知道这份订单是生产许多大小各异的金属片。当这些手枪的部件被一个一个制造出来后，又被转移到印第安纳州安德森的导航灯公司来装配。经过 300 个工人，耗时用了 6 个多月时间，将这些零件装配了 100 万把“解放者”手枪。因为要避免被敌军侦察到，所以工人们不得不“三天打鱼，两天晒网”，实际上 100 万把“解放者”手枪装配总耗时只有 11 个星期。

德国伯格曼 M1896 手枪

19 世纪末，自动武器纷纷登上历史舞台。1884 年，英籍美国人马克沁发明了自动机枪，开创了自动武器的新纪元。而自动武器的出现也为半自动手枪的发明奠定了基础。1892 年，奥地利人约瑟夫·劳曼发明了第一支半自动手枪——肖伯格手枪，但这支手枪没有通过奥地利军方的试验，因为它并不实用。尽管如此，人们却从中看到了半自动手枪发展的广阔前景。自此之后，许多枪

械设计师兵工厂都开始研制半自动手枪,西奥多•伯格曼就是其中之一。1892 年,伯格曼在德国申请了一种关于后膛闭锁自动装填手枪的设计专利。1893 年,在他的主持下,研制出 M1893 伯格曼手枪,经过改进,又研制出 M1894 伯格曼手枪,继而在 M1894 的基础上又推出 M1896 手枪。

德国鲁格 P08 手枪

1893 年,美籍德国人雨果·博尔夏特发明了世界上第一种自动手枪——7.65 毫米 C93 式博尔夏特手枪,该手枪外形笨拙不实用。后来,和他同一个工厂的乔治·鲁格对这种手枪的结构进行了改进设计,并于 1899 年定型。1900 年,该手枪被瑞士选为制式手枪。此后,鲁格公司继续进行对该手枪的改良。1904 年,改良后使用 9×19 毫米口径子弹的鲁格手枪被德国海军所采用,后来在 1908 年又被陆军作为制式自卫武器,命名为 P08。

乔治·鲁格除了设计出这把实用的手枪外,还设计了两种子弹,其中 9×19 毫米堪称有史以来最成功、使用最广泛的手枪子弹之一。

德国瓦尔特 PP/PPK 手枪

一战结束后,各参战国签订了《凡尔赛条约》。作为战败国,德国受到了很多限制,其中一条就是枪械的口径不得超过 8 毫米,枪管长不得超过 100 毫米。鉴于此,瓦尔特公司于 1929 年开发了一种具有划时代意义的半自动手枪——PP 手枪。这种手枪的结构,使用了原本只用在转轮手枪上的双动发射机构,实现了历史性跨越。1930 年,为了满足高级军官、特工、刑事侦探人员的需求,瓦尔特公司又在 PP 手枪的基础上推出了 PPK 手枪。与 PP 手枪相比,PPK 手枪的性能毫不逊色,“体形”却比前者更小巧,方便隐蔽携带,在使用安全性上的设计也更为周到,如在握把底面后端增加了背带环等。

德国瓦尔特 P1 手枪

二战期间,鲁格 P08 手枪无疑是德军最好的半自动手枪之一,但是该手枪的造价在当时而言比较昂贵,因而其无法作为制式武器装备于军队中的每一个人。所以下至冲锋陷阵的小兵,上到运筹帷幄的将军,都将能得到一把 P08 手枪当作荣耀。德军为了安抚军心,想为每位士兵都配发性能优越的手枪,所以开始寻找价格低廉且性能不亚于 P08 的手枪。另外,德军当时所采用的 P38 手枪,其性能与 P08 旗鼓相当,而且在某些设计上,有过之而无不及。在得知德军需求后,瓦尔特公司以 P38 手枪为蓝本,推出了价格比 P08 低的手枪——瓦尔特 P1 手枪。

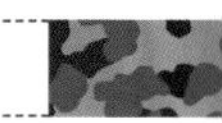

德国瓦尔特 P5 手枪

P1 手枪虽然加工优良，但结构复杂、双动机构调整困难，枪管从套筒突出的整体配置方式陈旧，制造上相当麻烦。另外，二战结束到 20 世纪 70 年代，德国军警所装备的 P1 手枪其各方面性能明显跟不上新型手枪的脚步。所以，德国军警方开始寻求能和当时先进手枪相媲美的同类武器。1979 年，瓦尔特公司开始为德国军警研发新型手枪。但是由于 P1 手枪的影响力较大，除了军警界使用外，还有不小的民用市场，所以该公司以 P1 手枪为基础打造了全新的瓦尔特 P5 手枪。

德国瓦尔特 P38 手枪

P38 手枪是二战中德军使用最广泛的手枪之一。二战后，随着德国的战败，P38 手枪的辉煌时代也宣告结束。1945 年，瓦尔特公司所在的采拉－梅利斯州的图林根被美国和法国占领，后来划归苏联管辖。由于害怕成为战犯，瓦尔特公司的首脑们携带了大量的设计和加工图纸，秘密从图林根撤离，南下进入美军占领的乌尔姆地区。1950 年，瓦尔特公司重新注册，开始了二次创业。1953 年，瓦尔特公司新建了一个机械工厂。但是由于盟军的限制，很长一段时间内没能再生产武器。

德国瓦尔特 P88 手枪

经过一战和二战的洗礼，瓦尔特公司在枪械领域造诣已经达到了登峰造极的地步，尤其是在手枪这一方面，更是受到军警的欢迎，如前文所说的 PP/PPK 手枪等。二战结束后，由于战事减少，瓦尔特公司出于销量考虑，不得不在销售市场另辟蹊径，将主打市场放在民用。为此，该公司也推出了不少系列手枪，但都没能取得预想中的成绩。20 世纪 80 年代，为扩大自己民用的销售市场，瓦尔特公司重整旗鼓，推出了全新的半自动手枪——瓦尔特 P88 手枪。

德国瓦尔特 P99 手枪

20 世纪 90 年代，世界各国新旧军工企业都在开发性能优越的单兵防卫武器。原因有二：一是此时的军队需要为后勤人员配发有一定作战力且携带方便的武器，而该武器最好的选择之一无疑是手枪；二是由于特种部队的发展势头迅猛，手枪这种小巧、适合近战的武器，当然也是特战队员的不二选择。基于以上两方面的原因，瓦尔特公司根据当时国际形势和作战方式，为军队和特种部队打造了一款半自动手枪，即瓦尔特 P99 手枪。

德国瓦尔特 PPQ 手枪

“快速防卫型”(即当扳机被扣动时，扳机连杆上的突起物顶起联系着击针保险的分离式控制杆，撑起一个阻铁钩，同时让完全预先装填的击针总成释放并向前移，并使手枪射击)扳机是瓦尔特公司自主研发的一种新型扳机系统，有着不错的实用性。该公司为将这种系统发扬光大，需要一种新型手枪，来装置“快速防卫型”扳机。另外，德国军警和平民对瓦尔特公司的产品非常信赖，都支持其研发新型扳机系统手枪。得到其他人的肯定，加上自己的欲望，瓦尔特公司最终推出了“快速防卫型”瓦尔特 PPQ 手枪。

德国 HK HK4 手枪

自德国瓦尔特公司推出 PP/PPK 手枪，并赢得大量客户后，其他军工企业也开始设计这一类型的袖珍型手枪，其中就包括历史悠久的 HK 公司。虽然 HK 公司在 PP/PPK 手枪推出时，已经有技术和经验去设计一款如此的手枪，但是该公司想让自己设计的袖珍型手枪有着不一样的特色，所以并没有急于求成。经过多年的摸索，20 世纪 60 年代，HK 公司最终在袖珍型手枪这一枪种上修成正果,推出了模块化设计的 HK4 手枪。该手枪于 1968 年正式上市,1984 年停产。16 年的时间里，生产总数大约有 38 000 支，其中有 1/3 交付德国警方和一些政府部门的官员使用。

德国 HK P7 手枪

1972 年，在德国境内发生了一起震惊世界的恐怖袭击事件(慕尼黑事件)。由此，德国开始大力发展特种部队这一军种，同时为增强其战斗力，德国也在寻找性能优越的作战武器，其中包括狙击步枪、机枪、冲锋枪和手枪。HK 公司应德国特种部队要求，开始为其设计打造一款集可靠性、大威力和便携于一体的单兵防卫武器——手枪。在 HK 公司的枪械设计师经过数月的钻研，并参考了当时其他公司的优秀手枪设计之后，于 20 世纪 70 年代后期推出了 P7 手枪。

德国 HK P9S 手枪

在 P7 手枪还没有正式生产之前，德国警察部队所使用的手枪大部分为 HK 公司的 P9 手枪。该手枪相较其他同类的武器而言，各方面都不如，之所以选择使用，是因为它价格低廉。在慕尼黑事件之后，德国要武装特种部队，于是 HK 公司将 P9 手枪做了改进，并更名为 P9S，以供应德国特种部队，做应急手枪。

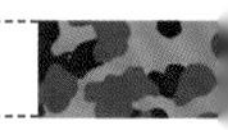

德国 HK USP 手枪

20 世纪 60 ~ 80 年代，HK 公司先后推出了不少性能优秀的手枪，如前文所说的 HK4 手枪、P7 手枪、P9S 手枪等。这些手枪占据了德国军警大部分市场，也为 HK 公司带来了大量金钱收入。但是该公司并没有得意忘形，反而是静心“修炼”以便设计出更好的手枪。另外，20 世纪 90 年代，手枪开始偏向轻量化，采用聚合物料，HK 公司为能跟上潮流，抢占市场，推出了 USP 手枪。

德国 HK P2000 手枪

HK 公司于 20 世纪 90 年代推出的 USP 手枪，在军警界和民用市场上的销量都取得了不错的成绩。该公司为了霸占聚合物料这一类手枪市场，趁热打铁，进一步完善 USP 手枪的不足之处，推出了 P2000 手枪。P2000 手枪较 USP 手枪而言，特点是：减少了操作时所造成的压力，并同时增加了使用者操作和射击时候的舒适度。

德国 HK P30 手枪

21 世纪初期，德国联邦海关总署为了让其成员配备最新、最优秀的手枪，开始向德国各大军工企业发出手枪招标信息。之后，包括 HK 公司在内的德国著名老牌军工企业纷纷来竞标。在众多军工企业中，HK 公司的 P30 手枪技压群雄，得到德国联邦海关总署的青睐，并被后者所采用。

德国 HK HK45 手枪

21 世纪初期，美国展开了“联合战斗手枪”的计划，目的是寻求一款性能优于 M9 的手枪，以此取而代之。得知此消息后，HK 公司设计出了 HK45 手枪，该手枪各方面都不亚于当时的 M9 手枪。但是基于各方面的原因，美国突然终止了“联合战斗手枪”计划，致使 HK45 手枪没能与 M9 手枪同台竞技。之后，HK 公司继续改进 HK45 手枪，并把它投入了商业、执法机关和军事团体的市场。

德国 HK VP70 手枪

20 世纪 60 年代末期，德国 HK 公司想一改以前的手枪设计方式，对新型手枪的要求是既能有精准的单发射击，也能变换成像冲锋枪那样有连续火力。20 世纪 70 年代初期，HK 公司开始将这一设计理念付诸行动，经过一段时间苦苦钻研，其最终推出了 VP70 手枪。该手枪 1973 年正式上市，1989 年停产。

德国 HK Mk 23 Mod 0 手枪

20 世纪 80 年代，美国特种作战司令部为加强下属特战队员的作战力，向外发出了新型手枪的招标信息。1980 年，德国 HK 公司带着它的新型手枪同其他公司一起参与了此次招标竞争。在严格的测试中，Mk 23 Mod 0 手枪在恶劣环境下不仅有着特别高的耐久性、防水性和耐腐蚀性，而且可以发射数万发子弹。枪管不会损坏或需要更换，完全符合特种部队作战的要求，于是被美国特种作战司令部采用。

德国毛瑟 HSC 手枪

一战结束后，德国瓦尔特公司推出了 PP/PPK 手枪，并获得成功之后，毛瑟公司也想在袖珍型手枪上占有一席之地，开始设计类似的手枪。虽然该公司在这之前也有属于自己的袖珍型手枪，但其外观和性能确实不敢恭维。20 世纪 30 年代，毛瑟公司在参考了其他成功的袖珍型手枪之后，结合自己对该类型武器的理解，推出了 HSC 手枪。毛瑟公司手枪的理念是，在保证手枪降低其功能的前提下，尽可能地减少枪械零件，而 HSC 手枪充分地体现了这一点。该手枪很多活动部件都具备两个或两个以上功能，如无弹匣保险也可起到空仓挂机和抛壳的作用。

德国博查特 C-93 手枪

美籍德国人雨果・博查特是 17 世纪一个著名的枪械设计师，虽然成功设计出了不少枪械，但那时诸如马克沁、约瑟夫・劳曼等老资格枪械设计师的光芒掩盖了博查特的风头，前者设计出了红遍欧洲的马克沁重机枪，后者开发出了第一款半自动手枪——肖伯格手枪。博查特为了能在枪械这一行业立足，必须设计出一款前所未有的枪械，至少能与上述两者相提并论。不过由于马克沁重机枪已属完美之作，只有肖伯格手枪仍有缺陷(虽然该手枪是世界上第一种半自动手枪，但其并不实用，关键是没有通过军方测试)，所以博查特决定以该手枪为突破口。1893 年，经过多年的苦苦钻研，博查特最终推出了第一种有实用价值的半自动手枪——博查特 C-93 手枪。

比利时 FN 57 手枪

20 世纪 80 年代，FN 公司设计了一款口径为 5.7 毫米的子弹——SS190，并同一时间推出了发射该子弹的冲锋枪 FN P90。之后，为进一步推广 SS190，FN 公司仍在努力设计发射该子弹的新型枪械。进入 21 世纪后，比利时军队后勤人员和警务执法人员需要一款小口径、便于携带的手枪，以做自卫武器使用。

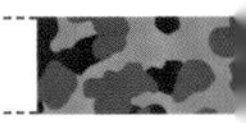

得知此消息后，FN 公司立刻以 SS190 子弹为基准，设计出了 FN 57 手枪。

比利时 FN M1900 手枪

1897 年，勃朗宁设计出了一款 7.65×17 毫米口径的枪弹。该枪弹到欧洲后获得了比利时 FN 兵工厂的青睐。1899 年，FN 公司与勃朗宁合作开发出了发射 7.65×17 毫米口径枪弹的 M1899 手枪，该手枪于 1900 年被比利时政府正式采用，定名为 M1900。

比利时 FN M1903 手枪

继 M1900 手枪推出并获得极大成功之后，1903 年，勃朗宁又推出了新力作——勃朗宁 M1903 手枪。虽然 M1903 手枪在比利时 FN 公司设计，但美国的柯尔特公司也获得了该手枪的生产权。柯尔特公司生产的 M1903 比 FN 公司生产的枪管短 32 毫米。

比利时 FN M1906 手枪

自勃朗宁设计出 M1900、M1903 半自动手枪，并大获成功之后，就一直想要研发一款更小的半自动手枪，以奠定他在这一领域的地位。起初勃朗宁在 1904 年设计了一款小型化的手枪，并想推销给美国柯尔特公司。可是柯尔特公司高层认为该手枪结构过于复杂，没有采用，随后勃朗宁转战 FN 公司。FN 公司一向都很喜欢勃朗宁的设计，便立刻答应了合作。随后勃朗宁继续进行研发，改进了原先的设计，最终在 1905 年设计出一款袖珍型半自动手枪，即 M1906 手枪。

比利时 FN M1910 手枪

1908 年，勃朗宁在 7.65×7 毫米手枪弹的基础上，推出了一种新型的 9×17 毫米口径子弹，称为 9 毫米勃朗宁手枪短弹。该弹有质量轻、后坐力小、威力适中、杀伤力大等优点，从而赢得了广泛的市场。另外，当时勃朗宁发现市场上缺乏一种威力介于军用和民用手枪之间、体积和质量适中的半自动手枪作为警察和军官自卫用枪。在这样的背景下，勃朗宁于 1910 年研制出了发射 9 毫米勃朗宁手枪短弹的手枪——M1910 手枪。

比利时 FN M1935 手枪

20 世纪初期，法国陆军要求 FN 公司帮助设计一款大威力手枪。领取该任务后，FN 公司将其转交于在本公司就职的美国枪械设计师约翰·勃朗宁。随后勃朗宁在美国一个工作室里开始了新枪的设计，短短几十天的时间，便设计出了两种型号的手枪。其中后设计出来的就是 M1935 的原型，该手枪首次采用了弹容量高达 15 发的双排弹匣，FN 公司对这支枪表现出了浓厚的兴趣。几经修改后，于 1929 年定型，并命名为 M1935。

比利时 FN BDA 手枪

FN 公司的 M1935 手枪可以说是 20 世纪初中期世界上最好的手枪之一，与当时闻名于世的美国 M1911 手枪齐名，各方面性能不相上下。当然该手枪也是 FN 公司销售量最高的手枪，为该公司赢得了大量的客户和资金。20 世纪 80 年代，美国开展了一项“9 毫米手枪”的竞争赛，目的是选取一款性能优越的手枪以取代 M1911。得知此消息后，FN 公司为了赢得此次竞争赛，同时也为了进一步推销 M1935 手枪、巩固其在手枪界的地位，以该手枪为基础，推出了它的改进版——BDA 手枪。但该手枪在选型中败给了伯莱塔公司的 92F 手枪(即美军 M9 手枪)。

比利时 FN FNP 手枪

20 世纪，FN 公司的 M1935 手枪和其改进型 BDA 手枪，是该公司引以为傲的代表性手枪之一。凭借 FN 公司本身的名声和设计者勃朗宁的身份，其独领风骚数十载。但进入 21 世纪后，各种新型设计、使用新型材料、拥有更大弹容量的手枪涌现出来。相比这些手枪而言，FN 公司以 M1935 为首的老型号手枪显得黯淡无光。此时 FN 公司意识到，凭借这些老型号手枪，已经无法立足于新型手枪市场，于是开始积极致力于推出新型现代手枪。随后推出了 FNP 系列手枪。

比利时 FN FNX 手枪

21 世纪，FN 公司一心想在手枪市场上力挽狂澜，于 2006 推出了 FNP 系列手枪。该系列手枪跟随 21 世纪手枪的潮流，采用轻量化材料、增大弹容量、使用模块化设计等。虽然其各方面的性能都很不错，但是其他公司的手枪也不差。这使得 FN 公司的 FNP 手枪没有多少特色，自推出后在手枪市场上不温不火。这之后，位于美国南卡罗来纳州哥伦比亚的 FN 分公司对 FNP 手枪进行了大刀阔斧的改进，最终于 2010 年推出了 FNX 手枪。

瑞士 SIG Sauer P210 手枪

20 世纪末期，虽然二战已经结束，但是整个欧洲的治安问题日益恶化。作

为永久中立国——瑞士，虽然没有受到国际战争的波及，但是为预防黑势力来破坏本国平民的生活，当务之急是武装好自己的军队和警察部队。因此，作为瑞士头号军工企业——SIG 公司开始为本国军事单位和执法机关研发新型武器。20 世纪 40 年代末期，SIG 在参考了当时优秀的武器设计之后，成功地推出了 P210 手枪。

瑞士 SIG Sauer P220 手枪

正如前文所说，诞生于 20 世纪 40 年代末期的 P210 手枪，其价格过于昂贵。虽然是瑞士设计的武器，作为本土的军事单位和执法机关应该支持“国产货”，但是作为军用武器，在不改变性能的状态下，价格低廉者优先。因此，自 P210 手枪推出后并使用了一段时间之后，瑞士军警就开始寻找价格低廉的手枪。SIG 公司得知这一消息立马采取行动，其在总结了过去手枪设计的优缺点后，简化加工工艺以及减少手枪零部件，成功地于 20 世纪 70 年代推出了 P220 手枪。

瑞士 SIG Sauer P226 手枪

20 世纪 80 年代，美国陆军开始寻找一款能够取代 M1911 的手枪。之后，多个军工企业纷纷来投标，其中包括意大利伯莱塔公司和瑞士 SIG 公司。前者带来的产品正是现今大名鼎鼎的 M9 手枪（伯莱塔 92F 手枪），而后者则是 P226 手枪。P226 手枪是 P220 手枪的升级版，SIG 公司之所以选择 P220 手枪为基础来设计新型手枪。原因有二：第一，P220 手枪融合当时 SIG 公司的最实用的技术，所以其有把握在竞争中获胜；第二，该手枪有着非常大的市场（前文已说到它被许多国家的军警采用），如果在竞标中落选，还可以作为改进版销往海外。

瑞士 SIG Sauer P228 手枪

20 世纪 80 年代，SIG 公司的 P226 手枪与伯莱塔公司的 92F 手枪在美军同台竞技。两者性能相差无几，但后者的价格略低于前者，所以美军采用了 92F 手枪。不过，如前文所说，P226 手枪虽然在竞争中战败，但仍有许多拥护者，就连美国几支特种部队也对其有着好感。鉴于此，美军打算为其军队装备 P226 手枪，但要求 SIG 公司要对该手枪进行改进，至少在价格上不能太高于 92F 手枪。随后，为满足美军需求，SIG 公司开始改良 P226 手枪，最终推出了其紧凑版——P228 手枪。

瑞士 SIG Sauer P229 手枪

成功成为美军制式手枪的 P228 手枪，由军队带入战场，经过实战验证了

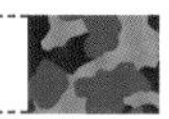

其各方面性能都很出众，属“完美型”杰作。但美中不足的是，该手枪的枪管不是采用模块化设计，即只能发射9毫米口径这一种子弹，有些时候无法适应使用者的习惯，也无法满足战术需求。鉴于此，SIG公司开始对P228手枪改进。SIG公司将P228手枪、P226手枪和P220手枪的优点融合一体，推出了可变换口径的P229手枪。该手枪可发射9×19毫米、.40 S&W(10毫米口径)、.357 SIG(9毫米口径)、.22LR(5.59毫米口径)等手枪子弹。

瑞士SIG Sauer P230手枪

自1929年、1968年德国瓦尔特公司和HK公司相继推出袖珍型手枪PPK和HK4并大获成功之后，该类型手枪备受欢迎，导致世界上许多军工企业都致力于袖珍型手枪的研发，其中就包括瑞士SIG公司。

1977年，瑞士警察部队提出需要一款体积小、重量轻、便于携带的手枪。恰巧SIG公司正在研发袖珍型手枪，得知警察部队的需求之后，该公司立刻将设计理念用于实际行动中，推出了P230手枪。

瑞士SIG Sauer P239手枪

在美国的手枪市场上,SIG公司总是在不断地满足各种客户提出的各种“无理”的要求,因为该公司信奉“客户就是上帝”。20世纪80年代后期,美国“零散型”(不包括军队、警队以及其他军事团体的用户)对P229手枪提出了建议，主要内容是该手枪虽然威力不错，但体积略微显大。要求SIG公司小量化，并且不能小于标准的袖珍型手枪，那样会降低手枪原有的杀伤力。在得到客户提出的建议后，SIG公司当然不会置之不理，它采取了行动，最终推出了大于袖珍型手枪、小于普通手枪的P239手枪。

瑞士SIG Sauer SP2022手枪

20世纪后期，随着用于枪械的新型材料和技术不断革新，世界各大老牌军工企业开始展开新一轮的市场争夺赛。这些军工企业包括比利时的FN公司、德国的HK公司、意大利的伯莱塔公司、奥地利的格洛克公司以及瑞士的SIG公司。其中，格洛克公司率先设计出了实用性较高的聚合物套筒座手枪，并得到各国军警界青睐，占据了大量的警用手枪市场。作为瑞士顶尖军工企业——SIG公司也不甘示弱，于2002年推出了自主研发的聚合物套筒座手枪——SP2022手枪。

瑞士SIG Sauer P250 DCc手枪

SP2022手枪推出后，SIG对该手枪市场做了详细的调查，在综合了包括

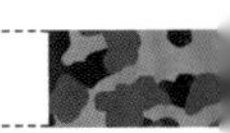

警察、执法人员和特工在内用户意见和需求之后，在 2004 年推出了另一款新型聚合物套筒座手枪，即 P250 DCc 手枪。型号中的 DCc，则是 Defense Con_ceptcom_pact(防御概念紧凑型) 的缩写，表明这是一款警、民通用的防御型手枪。

瑞士 SIG Sauer Pro 系列手枪

20 世纪 90 年代末，SIG 公司向市场推出了 Pro 手枪系列，试图在手枪市场上占领一席之地。Pro 手枪系列共有 3 种口径、4 种型号。最早的型号是在 1998 年中期推出的 .40S&W 口径的 SP2340 手枪，该手枪更换枪管后还可发射 .357SIG 口径枪弹。一年后，SIG 公司推出了 9×19mm 口径的 SP2009 手枪，后来又推出了长度和高度都略有缩减的紧凑型 SPC2009 手枪。

意大利伯莱塔 M1934 手枪

1915 年，伯莱塔研制出 M1915 半自动手枪；1919 年，又推出改进型 M1919，从该手枪开始，伯莱塔公司设计的手枪均采用顶部削薄的套筒，以减轻全枪重量。1931 年，伯莱塔综合过去各种手枪的优点研制出 M1931，次年推出了 M1932。1934 年，意大利陆军对这些手枪进行试验，最后选择 M1932 修改型作为制式武器，命名为 M1934。

意大利伯莱塔 92 手枪

自伯莱塔公司推出的 M1934 手枪成为意大利陆军制式武器之后，该公司一直在不断地更新手枪设计，以巩固在手枪界的地位。从 1934 年至 1974 年，伯莱塔公司先后推出了许多手枪型号，如 M1951 手枪、M84 手枪等。不过这些手枪相比 M1934 手枪而言，没有太多特色，最多是改变了一下外观或减 / 增了内部零件，无法与当时其他公司的新型手枪相媲美。所以，伯莱塔公司上层管理人员对公司的前景非常着急，要求各个设计师一定要打造出属于自己风格的手枪。92 手枪正是在这样的背景下诞生的。

意大利伯莱塔 92S/92SB 手枪

1976 年，意大利军方表示可以采用伯莱塔公司的 92 手枪，但有一个要求，就是改进其保险机构，以提高训练和实战时的安全性。根据这一要求，伯莱塔公司给 92 手枪增加了“跌落保险”装置，它的作用是如果手枪意外跌落而振松击锤也不会使手枪击发。1977 年，增加了这种保险装置的 92 型手枪被重新命名为 92S 手枪。1980 年，伯莱塔公司根据一些警察和军队反馈，对 92S 手枪进行了改进，推出了一种增加了击针保险装置的新型号，命名为92SB。

意大利伯莱塔90TWO 手枪

伯莱塔公司的92 系列手枪，尤其是92F(美军M9)是该公司标识性手枪。任何人提到伯莱塔公司的产品，都会想到92 系列。尽管经历了漫长的岁月，但伯莱塔公司的92 系列手枪并没有任何落后于时代的迹象，不过却使人们感到缺乏新鲜感。为了在时代变迁过程中继续维持92 系列手枪的地位，伯莱塔公司一方面陆续推出92 系列手枪；另一方面也在尝试突破设计，开发新产品。90TWO 手枪就是伯莱塔公司在继承92 系列手枪“血统”的前提下，进行全新设计的产品。

意大利伯莱塔Px4 Storm 手枪

20 世纪、21 世纪，伯莱塔公司先后凭借92 系列和90TWO 手枪在欧洲和南美洲占据大量市场，尤其是在美国，该公司的客户非常多。从特种部队至民间射手，都对伯莱塔公司的产品有好感。但是，该公司一直不设计新型产品，致使一些老用户开始抱怨，甚至选择其他公司的产品。得知这一现象之后，伯莱塔公司为了稳住美国市场，推出了Px4 Storm 手枪。

俄罗斯TT 手枪

1930 年，苏联革命议会要求设计本土的新型手枪。1931 年1 月7 日，托卡列夫设计了一款新型手枪，也就是TT-30 手枪。此枪一出，便赢得了众多士兵的喜爱，于是该手枪被选中成为能替代国外手枪的新型手枪。TT-30 手枪使用7.62×25 毫米口径手枪子弹，在外观和内部机械结构方面，与FN 公司的M1903 有异曲同工之妙。TT-30 在开始投产后简化了一些设计，如枪管、扳机释放钮、扳机、底把等，以便更易于生产，这种改进型名为TT-33。

俄罗斯PM 手枪

二战结束后，苏联军事专家尼古拉·马卡洛夫在一次军事行动中发现一个现象：军队中高级军官所配发的自卫防御手枪(主要是TT 手枪)其体积过于庞大，不便于携带。当时德国的PP/PPK 手枪可以说是自卫防御手枪中的佼佼者。不过，苏联军队并不打算采用这款手枪，而是要求马卡洛夫设计一款性能和PP/PPK相差无几的同类手枪。这之后，马卡洛夫经过一段时间的苦苦钻研，最终推出了PM 手枪。

俄罗斯 MP-443“乌鸦”手枪

1993 年，俄罗斯为更新军队的武器装备，开始向本国的军工企业下达任务，而伊热夫斯克机械工厂接到的任务就包括研发一款新型手枪。在接到军方下达的任务后，伊热夫斯克机械工厂的优秀枪械设计师聚在一起，经过一段时间的探讨，终于设计出了 MP-443 “乌鸦” 手枪。

俄罗斯 GSh-18 手枪

1998 年，俄罗斯 KBP 仪器设计厂为满足本国军警需求 (军警要求是该手枪必须体积小、质量轻、弹匣容弹量大、射击稳定性好等)，开始设计新型手枪。该厂以 P-96 手枪 (KBP 仪器设计厂于 1990 年研发的一款军警用大型半自动手枪) 为原型，设计出了 GSh-18 手枪。同年 GSh-18 手枪参加了俄罗斯从 1993 年开始的军队新型手枪试验。两年后，该手枪开始进行全方位的测试，后又进行了一些改进和完善。2001 年，GSh-18 被俄罗斯司法部特种部队、内政部和军队特种部队所采用，并开始向国外出口。

俄罗斯 SR1“维克托”手枪

SR1 “维克托” 的原型枪称作 RG055，由俄罗斯著名枪械设计师谢尔久科夫主持设计。1991 年，设计师尤里科夫研制出威力较强的船艉形子弹，编号 RG052，正是这种子弹成为研制 RG055 手枪的基础。由于 RG055 手枪比传统自卫手枪性能好，所以被俄国安全部门看中，进而改进成 SR1 “维克托”。2003 年 5 月，SR1 “维克托” 手枪正式列为俄军制式装备。

俄罗斯 SPP-1 手枪

SPP-1 是苏联海军为了在与敌方战斗蛙人对阵时有更大的战术优势，于 20 世纪 60 年代后期要求中央精密机械研究所研制的水下手枪，SPP 是 “ 特种水下手枪” (Spetsialnyj Podvodnyj Pistolet) 的缩写。1971 年，该手枪开始装备苏联海军的战斗蛙人部队。后来 SPP-1 经过改进，重新定型为 SPP-1M。

俄罗斯 PSS 手枪

1983 年，包括 PSS 手枪和 SP-4 弹药的无声手枪系统开始服役，主要装备特种作战部队，用作作战和自卫武器。该手枪射击时声音很小，且发射后枪身周围没有闪光，是一支近乎完美的无声武器。虽然 30 年过去了，这支枪的性能依然是无可匹敌的。

俄罗斯 Baikal MCM 手枪

20 世纪 40 年代末期，枪械设计师米哈伊尔·马戈林应苏联相关部门的要求，开始设计研发一种用于 25 米标准手枪比赛项目的手枪。经过一段时间的钻研，马戈林最终推出了 Baikal MCM 手枪。该手枪在通过测试后，于 1950 年开始被正式采用，并符合所有国际赛事的标准。

俄罗斯 PSM 手枪

PSM 手枪是由苏联 KBP 仪器设计厂于 1969 年设计的，原先是打算提供给苏联军队中的高阶军官作自卫武器，但此枪紧凑的枪身，令其成为苏联警察的常用武器。1973 年，该手枪在伊热夫斯克机械厂正式投产。

加拿大 P14-45 手枪

帕拉军工原是加拿大的一家小型军工公司。20 世纪 80 年代后期，该公司为美国柯尔特 M1911 手枪推出了名为“大容量转换件”的手枪配件。这套转换件主要是改进 M1911 手枪的底把和加宽握把，以便能使用双排手枪弹匣，但也需要改变扳机设计以适合加宽后的握把。虽然加宽后的握把手感变差，对手掌较小的射手来说比较痛苦，但能够成倍地增加 M1911 手枪弹容量，因此比较受欢迎。在看到枪弹容量的 M1911 手枪市场前景后，帕拉军工很快就推出了大容量的整枪产品。这些手枪中就包括 P14-45 手枪。

奥地利格洛克 17 手枪

为了能打造本土的枪械武器，奥地利武器承包商格斯通·格洛克于 1963 年创立了格洛克武器公司。不过从创立到 20 世纪 70 年代，该公司一直是生产或者仿制其他公司的武器，如德国瓦尔特 P38 手枪。

20 世纪 70 年代末期，奥地利周边的一些国家都开始设计生产自己本土的武器，所以奥地利军方要求格洛克公司务必研制出新型武器。20 世纪 80 年代，在参考了其他同类武器，并融合自己对武器的理解之后，格洛克公司最终推出了一款新型武器——格洛克 17 手枪。

奥地利格洛克 19 手枪

格洛克 17 手枪推出后，备受奥地利军方欢迎，为进一步稳住该手枪的影响力，同时也为了进入民用市场，格洛克公司开始对其进行升级和改进。1988 年，格洛克公司将当时先进的手枪设计技术和材料运用到格洛克 17 手枪的升级改进中，推出了它的紧凑型版本——格洛克 19 手枪。

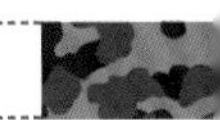

奥地利格洛克 20 手枪

在美国，枪械的使用率非常高，从特种部队到民间俱乐部，很多人愿意使用枪械进行自我防卫，尤其是像手枪这种便携、威力适中的武器。所以，世界各个军工企业几乎都会针对美国市场开发一些实用价值较高的武器，其中就包括奥地利的格洛克公司。20 世纪 90 年代初期，格洛克公司以销售量在美国市场稳占榜首的格洛克 19 手枪为蓝本，推出了格洛克 20 手枪。

奥地利格洛克 26 手枪

袖珍型或者小型手枪一直都备受军警和平民的欢迎，因为它的威力并不比正常尺寸的手枪小，而且易于隐秘携带。例如，德国瓦尔特公司的 PPK 手枪、HK 公司的 HK4 手枪，比利时 FN 公司的 M1906 手枪，以及瑞士 SIG 公司的 P230 手枪，可以说世界老牌枪械企业都曾推出过袖珍版手枪。格洛克公司作为后起之秀自然也不会放弃这一市场，于 1995 年以成名作格洛克 17 手枪为基础，推出了其袖珍版——格洛克 26 手枪。

奥地利格洛克 34 手枪

早在格洛克 17 手枪推出后不久，格洛克公司就设计了其比赛型——格洛克 17L 手枪。不过，该手枪在赛事上的表现并不尽如人意，所以导致整个格洛克手枪的销售市场份额有所下滑。为了弥补这一缺失，格洛克公司在 1998 年推出了一款全新的比赛型手枪，即格洛克 34 手枪。

奥地利施泰尔 GB 手枪

施泰尔公司是一家成立于 1864 年的奥地利武器制造公司，主攻中 / 大型武器，如冲锋枪（代表作：MPI69 式冲锋枪）、突击步枪（代表作：AUG 突击步枪）等。不过，该公司也曾设计过诸如 PI–18 手枪之类的小型武器，而且还在奥地利军方引起不小的影响。之后，施泰尔公司对 PI–18 手枪置之不理，没有对其做过多的升级或改进，致使奥军士兵有所不满。20 世纪 70 年代，格洛克公司兴起，并开始在手枪这一块崭露头角，使得施泰尔公司“分外眼红”，于是立马召集人员，对 PI–18 手枪进行改进，最终推出了施泰尔 GB 手枪。

捷克斯洛伐克 Kevin ZP98 手枪

20 世纪 90 年代，捷克斯洛伐克枪械设计师安东宁·莜迪开始针对本国的执法人员设计一款新型手枪。最开始，莜迪设计了一款威力很大，而且其他各方面性能都不差的手枪，但没有得到执法人员的认可。他们认为该手枪体积

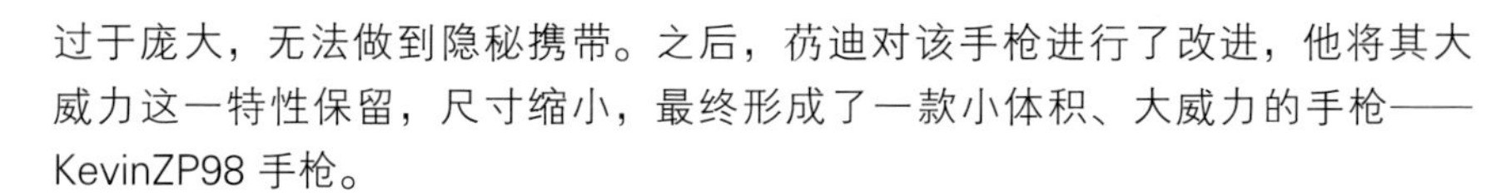

过于庞大，无法做到隐秘携带。之后，艿迪对该手枪进行了改进，他将其大威力这一特性保留，尺寸缩小，最终形成了一款小体积、大威力的手枪——KevinZP98 手枪。

捷克斯洛伐克 CZ-52 手枪

捷克斯洛伐克虽然国土面积不大，国力不强，但却是世界武器市场上的轻武器出口大国，而其最有名的军工企业，莫过于历史悠久的 CZ 兵工厂。这个品牌在国际武器市场上，和苏联的 AK、比利时的 FN、美国的柯尔特一样具有很好的声誉。20 世纪 50 年代，捷克斯洛伐克军方提出需要装备新型手枪的要求，随后在 CZ 兵工厂工作的两名枪械设计师，设计出了一种发射 9 毫米鲁格子弹的手枪。但由于其战争和其他各方面原因，最终该手枪改为发射 7.62 毫米 M48 子弹，并命名为 CZ-52 手枪。

捷克斯洛伐克 CZ-75 手枪

捷克斯洛伐克是一个对枪械非常钟爱的国家，在这里有两个枪械设计天才，他们就是约瑟夫·库斯基和弗朗·库斯基兄弟(就职于 CZ 兵工厂)。20 世纪 70 年代，库斯基兄弟两人经过很长一段时间的钻研，推出了一款包含了世界名枪大部分优点的 CZ-75 手枪。1975 年，CZ-75 手枪正式上市，不过却在 1990 年才广泛地被捷克斯洛伐克军队和警察采用，同时也曾出口到多个国家。CZ-75 手枪是捷克斯洛伐克境内最普遍、可以被平民拥有的枪支之一，也是东欧著名的手枪之一。

捷克斯洛伐克 CZ-83 手枪

库斯基兄弟设计的 CZ-75 手枪，其精巧的布局、合理的人机工效和能够实施转换套件的设计思想，让该手枪销售市场和使用范畴非常大。所以令库斯基兄弟一发而不可收，随后推出了众多 CZ 系列的手枪，其中包括了 CZ-85、CZ-100、CZ-85B、CZ-83、CZ-97B 等各种型号。而在这些枪中，最具有代表性的便是 CZ-83 手枪。

捷克斯洛伐克 CZ-110 手枪

自 20 世纪 40 年代至 80 年代，CZ 兵工厂陆续推出了众多性能优越的手枪。在设计和生产这些手枪的过程中，该兵工厂累积了许多手枪设计经验和技术，并且深知用户需求方向。20 世纪 90 年代初期，在手枪市场上出现了一种使用新型材料的手枪——聚合物底把手枪，并大受军警和平民的追捧，所以 CZ

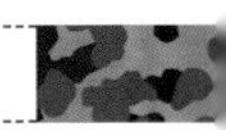

兵工厂也决定加入这一市场。随后，CZ 兵工厂在参考了其他聚合物底把手枪的设计，并加入自己的设计理念之后，推出了 CZ-110 手枪。

捷克斯洛伐克 GP K100 手枪

从 1994 年开始，捷克斯洛伐克的巨大威力公司就打算自主研发一款性能超群的半自动手枪。两年后，也就是 1996 年，它设计出了 GP K100 手枪。但是由于巨大威力公司的资金和厂房等各方面问题，该手枪并没有在当年投入生产。直到 21 世纪初，美国 STI 国际公司 (STI International, Inc.，一家专门生产精密的比赛枪及相关配件的公司) 为巨大威力公司提供了一些帮助，这才使得 GP K100 手枪步入生产阶段。

南斯拉夫 CZ99 手枪

20 世纪 70 年代，南斯拉夫军方希望能拥有一款本土的新型手枪，以装备军事单位中的后勤人员和执法机关人员。之后，扎斯塔瓦武器公司“自告奋勇”地站出来领取了新型手枪的研发任务，不过当时的扎斯塔瓦武器公司并没有太多手枪设计经验，所以任务一拖再拖。20 世纪 80 年代，瑞士 SIG 公司推出了 P226 手枪，而且深受南斯拉夫军方士兵军官的喜爱，此时扎斯塔瓦武器公司看到了“曙光”，在参考了 P226 手枪的设计后，最终推出了 CZ99 手枪。

西班牙阿斯特拉 M400 手枪

阿斯特拉 M400 手枪于 20 世纪 20 年代初期研制成功，1921 年被西班牙军队定为制式武器。该手枪也被广泛出口到其他国家，其中德国购买的数量相当大。另外值得一提的是，因其外形酷似雪茄，所以被昵称为“雪茄手枪”。

西班牙阿斯特拉 M600 手枪

阿斯特拉 M600 手枪是阿斯特拉 M400 手枪的改进型，与 M400 手枪的区别是，它除了将配用弹药由 9 毫米口径 Largo 弹改为 9 毫米口径巴拉贝鲁姆弹外，还将弹匣扣由握把底部的爪钩式改为握把侧面的按钮式，枪管也稍有缩短。另外，M600 手枪未设置手动保险，而是在握把背部设计了握把保险，只有在射手正确握持时，才能解脱阻铁，实现击发。另外，该手枪射击有一个相当于自动保险的机构。当套筒未完全闭锁时，扳机连杆与阻铁会被隔断，这样就能保证套筒复进不到位时枪弹不会被击发。

以色列“沙漠之鹰”手枪

“沙漠之鹰”手枪虽然是由 IMI 公司生产的，但并不是该公司自主研发设计的。早在 1979 年，美国马格南研究所刚成立之时，就设想着设计一款大威力手枪，并于 1983 年成功设计出了“沙漠之鹰”手枪的原型枪。但由于当时马格南研究所资金和技术实力薄弱，所以拉拢以色列 IMI 公司一起对原型枪进行改进、升级和生产。在此过程中，IMI 公司自己的设计技术也运用上了，并申请了专利。致使现在大部分人认为，“沙漠之鹰”手枪是 IMI 公司设计的，其实不然。

以色列杰里科 941 手枪

IMI 公司与马格南研究所合作改善“沙漠之鹰”手枪的期间，前者就有意自主设计一款大威力战斗型手枪，不过由于本身在这方面的技术还不算成熟，所以一直在马格南研究所的设计团队中“偷师学艺”。20 世纪 90 年代，捷克斯洛伐克的 CZ-75 手枪正式在军队服役，并深受军官、士兵和后勤人员的喜爱。IMI 公司得知这一消息后，对 CZ-75 手枪进行了研究，认为该手枪的威力、尺寸大小和弹容量都非常接近他们预想中的大威力战斗型手枪。这之后，IMI 公司利用设计“沙漠之鹰”手枪的技术，融合 CZ-75 手枪的设计理念推出了杰里科 941 手枪。

波兰 ViS wz.35 手枪

于 1911 年成为美军制式手枪的 M1911 手枪，可以说除了在美军享有盛誉之外，更是其他私人军工企业、武器制造商的模仿对象之一。20 世纪 30 年代，M1911 手枪历经了数次局部战争的检验，各方面性能进一步得到证明。所以，有多个国家的国营兵工厂开始以 M1911 手枪为蓝本，设计本国的新型制式手枪，其中就包括波兰。1935 年，波兰布瑞尼兵工厂以 M1911 手枪为基础，推出了 ViS wz. 35 手枪。

波兰 P-64 手枪

20 世纪中期，有很长一段时间波兰军队使用的武器购买于德国、苏联等国家，这对一个国家的军事力量来说，有些消极。所以，波兰军方一再提出要使用自己本土的武器。20 世纪 40 年代末期，学习了当时世界先进武器设计理念的波兰“弓箭手”武器工厂，开始为其军方设计武器，并成功地于 1950 年推出了 P-64 手枪。

波兰 P-83 手枪

二战期间，波兰主要使用的手枪为 ViS wz. 35 手枪，战争结束后，其由 P-64

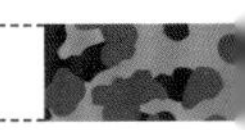

手枪取代（也大量采取苏联的 TT 手枪）。这两款手枪对波兰军队来说意义非凡，但无法与当时其他阵营的先进手枪相比，所以“弓箭手”武器工厂采取了对 P-64 手枪进行改进的措施。改进后的 P-64 手枪，在经过一些局部战争的测试后，于 1983 年正式在波兰军队列装，并更名为 P-83。

巴西 PT-945 手枪

陶鲁斯公司于 1939 年在巴西中西部城市阿雷格里港建立。起初它只不过是一家小规模的枪械零部件制造商，没有实力进行整枪的设计和生产，主要是通过购买美国柯尔特、SW 以及意大利伯莱塔等公司的技术和一些核心组件来组装枪械。不过，陶鲁斯公司并不甘心如此。在“拼装”枪械的过程中，它不断汲取其他公司枪械设计的技术和理念，并大规模招贤纳士，壮大自己的实力。经过多年的打拼，陶鲁斯公司终于在 1995 年推出了自主设计的第一款半自动手枪：PT-945 手枪。

巴西 PT-92 手枪

伯莱塔公司的 92 手枪推出后，成为该公司手枪特色的标准，其出色的性能、优美的外形及独特的设计，引起了不少用户追捧和军工企业的效仿。20 世纪 80 年代，作为生产枪械零部件的陶鲁斯公司，为壮大自己的资金力量，在伯莱塔公司的准许下，开始仿制 92 手枪，并加以改进。PT-92 手枪就是在伯莱塔公司 92 手枪的基础上，稍作改进而来的。

乌克兰 Fort-12 手枪

乌克兰独立后一直想自主生产一款新型手枪，以取代苏联时期的 TT、PM 等手枪。该国的各个军工企业虽然有着不错的手枪设计方案，但苦于没有生产手枪的高科技设备。为了实现生产新型手枪这个目标，乌克兰兵工厂 RPC Fort 从捷克买进了一套可以制作手枪的设备，并在 20 世纪 90 年代末期生产出了一款属于他们自己的手枪，命名为 Fort-12。

乌克兰“福特”14 式手枪

RPC Fort 兵工厂在生产 Fort-12 手枪的同时，乌克兰另一家军工企业——DISI 公司在进行着“福特”14 式手枪的设计。该手枪于 2000 年试制成功，2001 年开始向国外公开。

日本十四式手枪

20 世纪 20 年代，日本急需一款性能优越的半自动手枪，以供军队官员和后勤人员使用。但是由于日本当时在手枪设计这一方面并没有多少经验，而德国的鲁格 P08 手枪威名远扬，所以日本枪械设计师以该手枪为基础，设计出了十四式手枪。

日本九四式手枪

二战前，日本飞行员、航空人员和坦克部队使用的手枪是十四式手枪。该手枪体积太过于庞大，使用和携带非常方便。为了解决这一问题，日本设计师南部麒次郎设计了一款较十四式手枪体积略小的九四式手枪。为了能够使九四式手枪量产，也为了节约成本，该手枪在握把上并没有采用十四式手枪的木质材料，而是选用了塑料材质。

法国 Mle 1950 手枪

20 世纪 40 年代末期，由于法国军队需要装备一款半自动手枪，于是圣艾蒂安武器制造厂和法国军工企业，以及著名枪械设计师合力打造出了 Mle 1950 手枪。

法国 PAMAS-G1 手枪

20 世纪 80 年代，法国军队开始需求一款新型手枪，以取代“年迈”的 Mle 1950 手枪。随后，意大利伯莱塔公司带着其新型设计 92 手枪，来到法国军队“面试”。在通过“面试”后，92 手枪开始进入实战射击测试。法国军队对 92 手枪进行了 500 发子弹射击，在此过程中，该手枪没有出现太多严重的问题，比较符合法军“胃口”，于是被采用了。之后，法国军队将生产 92 手枪的任务下达于 GIAT。领取任务后，GIAT 对 92 手枪进行了一些改进，加入了一些自己的设计，并更名为 PAMAS-G1 手枪。

韩国 K5 手枪

1967 年大宇集团正式成立，最开始从事劳动密集型产品的生产和出口。20 世纪 70 年代发展化学工业，后向汽车、电子和重工业领域投资，并参与国外资源的开发。它的经营范围包括外贸、造船、重型装备、汽车、电子、通信、建筑、化工、金融等，有系列公司 29 个，国外分公司 30 多个。可以说，大宇集团在韩国有着雄厚的资金实力和人力资源。20 世纪 80 年代，大宇集团应韩国军方要求，设计一款新型的半自动手枪，而该集团的产品正是 K5 手枪。

克罗地亚 HS2000 手枪

HS2000 的历史可追溯到 1991 年被称为 PHP(克罗地亚语:

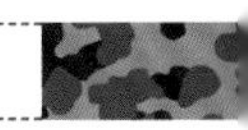

Prvi Hrvatski Pištolj，英语：First Croatian Pistol，意为：第一把克罗地亚制手枪）的制式手枪，这是第一次由克罗地亚的私有的工业零件公司 I.M. 金属工厂（现在名为 HS Produkt）制造的手枪。由马尔科·武科维奇（克罗地亚语：Marko Vuković）领导的设计团队，想将 PHP 设计成为一把设计坚固的手枪。但由于在克罗地亚战争期间，大部分的制造业都受到影响，质量是早期产品之中困扰最大的问题。武科维奇的设计团队在接下来 10 年间一直吸取经验并且继续调整和改进设计，并且在 1995 年推出 HS95 手枪，1999 年再推出 HS2000 手枪（这是在广泛征求克罗地亚军人及警察意见的基础上完成的）。

雅利金“格拉奇”6P35 手枪

雅利金手枪的研制工作始于 1993 年。俄罗斯国内最大的手枪生产厂家——伊热夫斯克兵工厂为参加“格拉奇”选型计划，组建了新式军用手枪研制小组，由布拉戴米尔·雅利金主持设计工作。此前他一直从事运动手枪的研制工作，因此在该枪的个别零部件上，还能够看出运动手枪的影子。比如，装有细小弹簧、结构复杂的弹匣卡榫，像是直接从运动手枪上复制下来的击锤等，但这并不妨碍雅利金手枪成为一支优秀的军用手枪。

该枪在研制阶段的工厂编号为 MP-443，参与“格拉奇”计划选型试验时被编号为 6P35，2003 年列装部队时被正式命名为雅利金手枪。 主要用于取代 1951 年列装苏联军队、主要供校级军官使用的 9 毫米马卡洛夫手枪。

全自动手枪

比利时 FN P90 手枪

二战结束后，各个军工企业开始针对新型战场研发新式武器，比利时 FN 公司也不例外。FN 公司在对当时现有的武器、弹药进行了一系列研究后发现，这些武器和弹药不太适合个人防卫武器的要求，于是在 1986 年开始研发全新的子弹 SS190 及新款枪械 P90 手枪。原型枪于同年 10 月试射，后经过不断改进和升级，最终在 1990 年正式投入量产。

德国 HK MP7 手枪

继 FN 公司推出 FN P90 冲锋手枪之后，其他国家也开始研发类似的防卫武器。20 世纪 80 年代，HK 公司合作研发了一种无壳弹手枪——G11 PDW 无壳弹手枪。不过该手枪并没有正式量产，这一计划最后也被取消。

20 世纪 90 年代，英国皇家军械公司与 HK 公司合作展开了一项名为“PDW

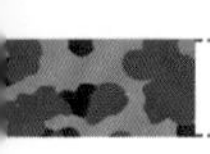

武器”的计划，前者负责研发弹药，后者负责研发枪械。2001 年，计划中的新型枪械正式推出，HK 公司一开始并没有给它正式命名，只称其为 PDW，直到正式量产时它才有自己的名字，即 HK MP7 冲锋手枪。

美国 KF-9-AMP 手枪

为了满足特种部队反恐战斗需求，美国武器研究协会为其打造了一款“近身武器”——KF-AMP 系列全自动手枪。该系列手枪主要有 5 种型号，其中 KF-9-AMP 是被经常使用的，另外 4 种型号分别为 KF-59-AMP、KF-3-AMP、KF-11-AMP 和 KF-54-AMP。该系列手枪有着机构紧凑、体积小、操作方便、射击精准度高等优点。

俄罗斯斯捷奇金 APS 手枪

二战结束后，苏联为了增强本国军队作战力量，同时也为了给后勤人员提供自卫保障，开始寻求一种新型手枪，其对该手枪的要求是：能够发射新的 9×18 毫米马卡洛夫手枪弹，能进行半自动、全自动射击和可以驳接枪托，并且在全自动射击时容易操控。随后伊戈尔·斯捷奇金根据这些苛刻的要求设计出了 APS 手枪。

奥地利施泰尔 TMP 手枪

TMP 手枪是施泰尔公司根据北约个人自卫武器概念研制的，并于 1992 年正式推出，随后装备于奥地利军队车辆、飞机驾驶员，以及工兵、通信兵、重武器射手等。

意大利伯莱塔 93R 手枪

20 世纪 70 年代，意大利恐怖活动日益猖獗，为保证执法单位人员的安全，伯莱塔公司设计了一款火力强大、可随身携带的小型武器——93R 手枪。该手枪的设计源于 M1951 手枪。

奥地利格洛克 18 手枪

20 世纪 80 年代，格洛克公司设计格洛克 17 半自动手枪时，就想着扩大手枪市场，而非只有奥地利军队这一个买家。随后，格洛克公司针对射击比赛、民用市场和其他国家的特种部队分别推出不同型号的格洛克系列手枪，其中为特种部队所设计的正是格洛克 18 全自动手枪。

在遭遇持枪恐怖分子袭击时，使用格洛克 18 手枪的特种部队可用其达

1300 发 / 分钟的高射速构成弹幕，压制暴徒或掩护政要迅速撤离现场。特战人员为避免引人注意，在行动中使用的格洛克 18 手枪大多使用标准弹匣，很少装上超长型弹匣，这样一来恐怖分子及平民根本无从察觉人员所佩带的是冲锋枪。

捷克斯洛伐克 Vz.61 手枪

Vz.61 手枪于 20 世纪 50 年代后期开始研制，其设计目的是向非前线战斗步兵单位提供一种重量轻、但比起半自动手枪更有效的个人防卫武器。该手枪的原型在 1959 年推出，称为 S-59 手枪，在 1961 年正式获得采用时，被定型为“1961 年型手枪”，或简称 Vz.61。该手枪在定型后很快就取代了捷克斯洛伐克军队原本装备的 CZ-52 手枪，并装备伞兵、特种部队、装甲车 / 直升机组人员和军官。而一些民航客机上的防劫机保安人员也选用该手枪，是因为其所用子弹穿透力较弱，无法穿透机舱蒙皮。

德国毛瑟 C96 手枪

毛瑟公司于 1895 年获得 C96 手枪的专利，次年该手枪正式投入量产，1939 年停产，在此期间共生产约 100 万支。另外，其他国家仿制数量高达数百万支。一战期间，德国陆军向毛瑟公司购买了 15 万支 9 毫米口径的 C96 手枪，与本为制式手枪的鲁格 P08 手枪作搭配。为了避免士兵误用 7.63 毫米弹药，这种 9 毫米口径的 C96 手枪在木质握把上刻印了一个红色的“9”字做记号，因此名为 Red 9。

左轮手枪

美国柯尔特“蟒蛇”左轮手枪

“蟒蛇”左轮手枪于 1955 年（柯尔特公司创立 150 周年）推出。在设计“蟒蛇”的时候，最初的想法是准备把该手枪设计为一种加强型底把的 9.65 毫米口径特种单 / 双动击发的比赛级左轮手枪。由于偶然的决定，最后造就了一支以精度和威力著称的 9 毫米口径经典左轮手枪。

由于其他主攻左轮手枪的公司（如美国 SW 公司）实力也不弱，并设计出了更优秀的左轮手枪，致使“蟒蛇”左轮手枪销量开始下降。于是柯尔特公司于 1999 年 10 月宣布停止量产该手枪，不过还是有一些小量的生产，导致订货枪店将限量生产的“蟒蛇”左轮手枪作了特别高价的销售。2005 年，这种限量生产的模式也终止了。

美国柯尔特“巨蟒”左轮手枪

“巨蟒”左轮手枪于1990年开始销售，刚上市销售时出现了射击精准度的问题，因此被暂停销售了一段时间。后来查明是由于枪管缺陷所导致的，进行修复后的手枪开始被重新销售。虽然发射具有巨大威力的子弹，但该手枪的后坐力却相对并不那么大。1999年，“巨蟒”左轮手枪停止销售。

美国柯尔特“眼镜王蛇”左轮手枪

20世纪80年代，由于“蟒蛇”左轮手枪的销售市场有所动荡，致使柯尔特公司不得不开发另一款新型左轮手枪。诞生于19世纪的“骑兵”、M1851“海军”左轮手枪，虽然都已经“年迈”，但多年来累积了不少“粉丝”。很多喜爱左轮手枪的人，都对柯尔特公司的这几款左轮手枪非常痴迷。所以柯尔特公司为了稳住自己在左轮手枪市场上的地位，开始围绕这些古董左轮手枪做文章。1986年，柯尔特公司以“骑兵”左轮手枪为基础，推出了“眼镜王蛇”左轮手枪。

美国史密斯－韦森M60左轮手枪

柯尔特公司在美国是设计制造左轮手枪的“专业户”，其设计技术和资金实力都毋庸置疑，可与之匹敌的是成立于1852年的SW公司。在历经一战、二战和多次局部战争之后，这两家“左轮”公司在设计左轮手枪这一领域的经验和技术上更上一个台阶，推出了不同用途、各种型号的左轮手枪。1955年，柯尔特公司推出了“蟒蛇”左轮手枪，并引起了不小的轰动，占据了大量的“左轮”销售市场。而作为老牌“左轮公司”SW也不甘示弱，于1965年推出了M60左轮手枪。

美国史密斯－韦森M500左轮手枪

自从人类发明了枪械之后，一直在可靠性和稳定性的基础上追求大威力，前有比利时FN公司制造的M1935半自动手枪(诞生于20世纪初期)，后有以色列IMI公司的“沙漠之鹰”半自动手枪(诞生于20世纪80年代)。从影视、游戏行业到民间射击比赛，都能见到大威力手枪的身影，致使专攻左轮手枪的SW公司也想打入这一类手枪市场。心动不如行动，21世纪初，SW公司正式开始研制一款大威力手枪，他们的设计理念是：设计出一款威力不亚于甚至超越所有现有的大威力手枪。经过几年的钻研，SW公司最终于2003年推出了预想中的大威力手枪——M500左轮手枪。

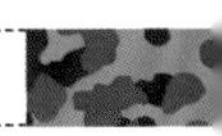

美国史密斯－韦森 3 号左轮手枪

19 世纪中期，俄罗斯帝国（1721—1917 年间独立主权国家）军方需要为其官员和一些特殊人员装备自卫用的手枪，而此时美国 SW 公司在手枪这一领域声名赫赫，于是前者找到后者要求协助设计一款实用、便携且性能可靠的手枪。随后，SW 公司根据俄罗斯帝国军方的要求，结合当时战争局势推出了 3 号左轮手枪。当 SW 公司将 3 号左轮手枪交与俄罗斯帝国军方后，后者委托图拉兵工厂进行生产。然而由于当时其境内工业不发达的缘故，所以又委托了欧洲其他国家的生产商来生产并仿制 3 号左轮手枪，这些做法使 SW 公司几乎破产。

美国史密斯－韦森 M19 左轮手枪

20 世纪 50 年代，就职美国边境巡逻队助理首席巡逻督察，同时又是手枪设计师及作家的比尔·乔丹与 SW 公司研讨了“和平人员的梦想”这一专题，并提交了一份左轮手枪设计方案。随后，SW 公司对该方案进行了审核，认为比较符合当时警用配枪标准，于是就采纳了。不过 SW 公司并不是原封不动地按照原方案进行生产，而是加入了自己的一些设计理念，并通过正常途径演变成自己的设计之后，才开始将该手枪投入量产。该手枪正是 M19 左轮手枪。

美国史密斯－韦森 M22 左轮手枪

柯尔特公司的 M1917 左轮手枪在 20 世纪初期有着不俗的影响力。它虽然只是一种用于射击训练的手枪，但有着良好的安全性和优秀的射击精准度，所以当时仍有不少美国士兵和军官喜爱它。之后，SW 公司与柯尔特公司达成协议，后者同意前者对 M1917 左轮手枪进行改进，当然贩售后所获得的金钱按照一定的比例分账。在得到柯尔特公司的同意后，SW 公司立即采取行动，对 M1917 左轮手枪进行了一系列不同程度的修改（如换装 N 形底把），并更名为 M22 左轮手枪。

美国史密斯－韦森 M27 左轮手枪

20 世纪 30 年代初期，全球许多国家发生了不同程度的经济大衰退，当时人均收入、税收等方面下挫，失业率剧增（美国著名滑稽演员卓别林的电影《摩登时代》足以诠释当时的失业状况）。受经济大衰退的影响，在美国境内时常发生一些偷盗、抢劫等治安事件。为了维护平民日常生活安全，美国政府需要加强其警察部队的武装力量，于是在 20 世纪 30 年代中期向 SW 公司寻求帮助，要求后者设计了一款警员专用配枪。领取该任务后，SW 公司最终推出了 M27 左轮手枪，由于时处经济大衰退期间，所以该手枪的价格极其昂贵。

美国史密斯－韦森 M28 左轮手枪

SW 公司在推出 M27 左轮手枪之后，就想着要简化该手枪设计，以降低生产成本，使销售价格下调。另外，20 世纪 50 年代初期，美国警察部队需要装备一款性能优越、价格低廉的手枪。基于上述两个方面的原因，SW 公司最终以 M27 左轮手枪为基础，对其进行了一些修改，推出了 M28 左轮手枪。

美国史密斯－韦森 M29 左轮手枪

20 世纪 50 年代，美国许多人热爱野外射击运动，如在野外猎杀一些大型食肉动物。不过，当时的人们没有太多威力适中且性能优秀的小型武器。SW 公司针对这一情况，开始研发一款专用于大型危险狩猎射击运动的武器。1957 年，SW 公司考察了不同的野外环境，结合客户反馈的有用信息，设计出了 M29 左轮手枪。虽然设计该手枪的初衷是用于野外射击，但由于性能比较突出，所以也大受一些执法部门的欢迎。

美国史密斯－韦森 M329PD 左轮手枪

SW 公司推出的 M29 左轮手枪曾经在 20 世纪 50 年代至 90 年代后期风靡美国野外射击界。但是随着一些更加实用，且威力更大、可靠性更好以及携带更方便的手枪出现，M29 左轮手枪的地位有所动摇。为了稳住在这一领域的“权威”地位，SW 公司在 21 世纪初期，推出了 M29 左轮手枪的改进版——M329PD 左轮手枪。

美国史密斯－韦森 M625 左轮手枪

M625 左轮手枪于 1989 年推出，目前已有多种型号，其中包括 M625“山地枪”型、M625 圆形握把型、M625 方形握把型等。

2005 年，SW 公司推出了 M625 左轮手枪另一个新型号——M625JM。JM 意指杰里·乔勒 (Jerry Miculek)，此人是一位世界上以左轮手枪速射闻名的射手，而 M625JM 正是他的个人设计。

美国史密斯－韦森 M629 左轮手枪

经过多年的经验累积，SW 公司在左轮手枪这一领域算得上是佼佼者，曾经先后推出了 M29、M329PD 等著名狩猎用左轮手枪。SW 公司秉承着为客户打造最新型、实用和可靠的左轮手枪，凭借着优秀的设计技术、精湛的加工工艺，以及娴熟的装配经验，于 2008 年推出力作——M629 左轮手枪。该手枪枪管顶部也整合了三个瞄准镜凹槽接口，以便安装日间 / 夜间光学瞄准镜、反射式瞄准镜、红点镜、全息瞄准镜、夜视镜或热成像仪。

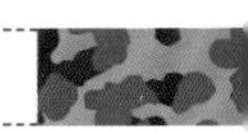

美国“阿拉斯加”左轮手枪

生活在美国北部山岳地带的阿拉斯加人是大威力手枪最忠实的使用者，因为在这个远离城市的地区，外出行走可能会遇到野兽，而一把大威力手枪可以保护自己。此外，在这里盛行各种实弹射击比赛，适当的大威力手枪似乎成了人们的最佳选择。2005 年的美国手枪展会上，鲁格公司推出了“阿拉斯加”左轮手枪。该手枪的设计理念是“世界上口径最大的短枪管左轮手枪”，这一理念再次激起了崇尚大威力手枪爱好者的热情。

俄罗斯纳甘 M1895 左轮手枪

李昂·纳甘是俄罗斯帝国时期著名的枪械设计师，一战、二战时期苏联的“招牌”武器——莫辛－纳甘步枪（诞生于 19 世纪 90 年代初期）就是他所设计的。因为纳甘有着较丰富的枪械设计经验，且学习了当时欧洲最先进的设计技术和理念，所以在他设计出莫辛－纳甘步枪后不久，俄罗斯帝国陆军和警察部队就要求其协助设计一款便携、可靠的小型自卫武器手枪。在得到该任务后，纳甘将自己所有的经验和技术结合起来，最终于 1895 年推出了纳甘 M1895 左轮手枪。1930 年，苏联开始以更现代化的 TT 半自动手枪取代纳甘 M1895 手枪。尽管如此，大量的纳甘 M1895 手枪在二战期间仍然被生产出来，并装备苏联红军，直到二战结束。直到 1952 年，苏联完全列装 PM 半自动手枪时，纳甘 M1895 手枪才开始退出苏军前线部队。

俄罗斯 MP–412 REX 左轮手枪

正如前文所说，美国是使用枪械最为广泛的国家，像射击比赛、野外狩猎、丛林探险等，几乎都离不开枪械，特别是手枪这种便携性的武器。所以，许多著名军工企业都喜欢针对美国枪械市场开发一些武器，其目的大体有两点，其一，为了进一步打响本公司的名声；其二，为了赚取更多金钱。20 世纪 90 年代初期，俄罗斯伊热夫斯克机械工厂也开始针对美国枪械市场开发新型武器，MP–412 REX 左轮手枪就是其中之一。但由于在 1994 年美俄签订了相关军事协定，所以该手枪失去了美国市场，不久伊热夫斯克机械工厂也停止了此枪的生产。

法国 MR–73 左轮手枪

20 世纪 70 年代，由于在法国境内缺少一款性能优越的射击比赛用手枪，所以马努林公司针对这一状况开始设计手枪。经过一段时间的钻研，马努林公司最终于 1973 年推出了 MR–73 左轮手枪。

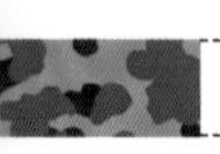

法国 MAS 1873 左轮手枪

19 世纪 70 年代，欧洲一些军事大国都明白是时候换装最新的装备了。它们提倡以卓越的培训、大量的轻兵器和炮兵打破过往的军事传统。为此，包括法国在内的欧洲国家都开始积极地去改进它们的军事技术。另外，当时在法国，刀剑依然是军官的权威象征，他们不愿意佩带笨重的手枪。但为了安全，法国军方需要为其军官配发轻量型手枪。MAS 1873 左轮手枪就是在这样一个背景下诞生的。

法国 MAS 1892 左轮手枪

MAS 1873 左轮手枪推出后，法国军队的士兵和军官对其态度各有不同，有的认为它可靠性好、火力较强，比较适合做自卫防卫武器；有的觉得它太过于笨重，不便于携带，而且外形比较丑，无法体现高阶军官的身份。针对这一现象，法国圣埃蒂安武器制造厂于 19 世纪 90 年代初期开始研制新一代手枪，以取代 MAS 1873 左轮手枪。1892 年，圣埃蒂安武器制造厂正式推出 MAS 1892 左轮手枪，随后列装法国陆军、海军、国家宪兵及其他部门。

意大利齐亚帕“犀牛”式左轮手枪

齐亚帕公司是意大利一个武器制造商，其最初是仿制一些在枪械界有名的武器，如温彻斯特连发步枪(由美国温彻斯特连发武器公司于 19 世纪 80 年代研发生产的一款武器)等。经过多年资金和人才的累积，它逐步发展成了一个在现代枪械界有一席之地的武器公司。之后，齐亚帕公司开始自主设计枪械，但一直没有找到适合自己的武器类型。进入 21 世纪后，齐亚帕公司决定在左轮手枪市场上开辟新天地，经过长时间的研发与试验，终于在 2009 年推出了“犀牛”式左轮手枪。齐亚帕公司也因该手枪而声名大噪。

巴西 M608 左轮手枪

20 世纪 80 年代末，半自动手枪在北美大行其道，使得左轮手枪渐渐被人们遗忘。1993 年，美国枪械管理法律规定手枪弹容量不能超过 10 发，这使半自动手枪的优势被削弱。于是很多公司趁势推出了加大弹容量的左轮手枪，如 SW 公司的 M688。1996 年，在达拉斯的 SHOT Show(美国著名的军事武器装备展览会)上，陶鲁斯公司首次展出了其全新设计的 M608 左轮手枪，它可填装 8 发子弹。除此之外，每一支 M608 都有补偿系统，即在枪管顶部肋条上钻有 8 个孔。这个补偿系统可有效地抑制枪口上跳，使可感后坐力有所减小，且精度没有多大损失。

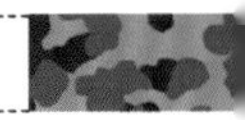

瑞士 SMG 左轮手枪

瑞士“枪匠”公司将柯尔特公司的“巨蟒”左轮手枪按比例缩小，制作出一款迷你型手枪——SMG 左轮手枪。该手枪是“枪匠”公司制造的第一种枪械产品，它算得上是世界上最小的枪支。虽说 SMG 左轮手枪个头小，但威力并不容小觑，子弹的枪口初速度达到了 180 米/秒，发射特别研制的 2.34 毫米口径缘发式子弹（堪称世界上个头最小的缘发式子弹），若是被这种子弹击中要害的话，性命很难保全。

[1] 陈艳 . 手枪 [M]. 北京：北京工业大学出版社，2013.
[2] 福特 . 手枪 [M]. 北京：中国市场出版社，2010.
[3] 卞荣宣 . 手枪 [M]. 北京：中国人民解放军出版社，2005.
[4] 黎贯宇 . 手枪 [M]. 北京：机械工业出版社，2013.
[5] 崔钟雷 . 视觉大发现・弹道无痕——大威力手枪 [M]. 长春：吉林美术出版社，2012.

现代兵器百科图鉴系列

海战武器
大百科（图鉴版）

狙击步枪
大百科（图鉴版）

陆军重器
大百科（图鉴版）

手枪·冲锋枪
大百科（图鉴版）

坦克与装甲车
大百科（图鉴版）

特殊武器
大百科（图鉴版）

特战装备
大百科

突击步枪
大百科（图鉴版）

现代潜艇
大百科（图鉴版）

现代枪械
大百科（图鉴版）

现代战机
大百科（图鉴版）

现代战舰
大百科（图鉴版）

世界武器鉴赏系列

现代舰船鉴赏指南

现代飞机鉴赏指南

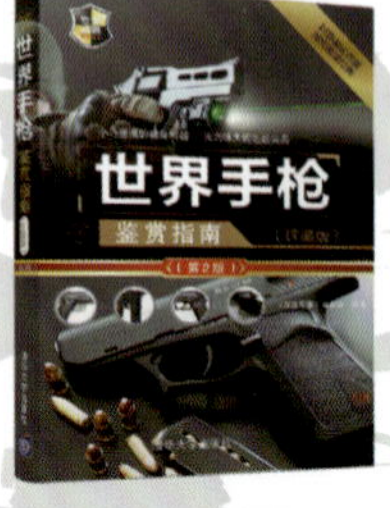

特种作战装备鉴赏指南

特殊武器鉴赏指南